Thomas Kretzschmar

Am Wochenende zu Gott

48 Stunden Spaß und Tiefgang

8 Kurzfreizeiten für Kinder und Familien

BORN-VERLAG

Der Autor

Thomas Kretzschmar ist Referent für Kinder- und Jungschararbeit im Deutschen EC-Verband, Kassel. Er ist deutschlandweit unterwegs, um Mitarbeiter zu schulen und Kinderwochen und -freizeiten durchzuführen. Zudem ist Thomas Kretzschmar verantwortlich für die missionarische Initiative „ich glaub's Kids" und Schriftleietr der Zeitschrift „JuMat". Er lebt mit seiner Frau und den drei Kindern in Vellmar bei Kassel.

Impressum
© 2008 **BORN**-VERLAG, Kassel
all rights reserved - printed in Germany

Umschlag: Diviice Advertising GmbH, Gießen
Satz: **BORN**-VERLAG / Claudia Siebert, Kassel
Druck: AALEXX-Druck, Großburgwedel

ISBN 978-3-87092-449-2
Bestellnummer 182449

Unser Verlagsprogramm mit Medien für Mitarbeiter im Internet unter
www.bornverlag.de.

Inhaltsverzeichnis

Einführung

Freizeitentwürfe

Jede Wochenendfreizeit besteht aus
- Begrüßungsabend
- Nachtaktion 1
- Nachtaktion 2
- Bibelarbeit 1
- Bibelarbeit 2
- Nachmittagsprogramm
- Abendprogramm
- Familiengottesdienst

4

Wochenendfreizeiten als Chance für die Jungschararbeit

Warum werden Freizeiten durchgeführt?

Zeit haben für Beziehungen

Wenn man über einen längeren Zeitraum zusammen ist, fördert dies die Beziehungen der Kinder untereinander und die Beziehung der Mitarbeiter zu den Kindern. Im Alltagsablauf der Gemeinde und der Jungschar ist oft zu wenig Platz, um Beziehungen intensiv zu gestalten.

Bei allen Planungen und Vorbereitungen muss genügend Zeit für Beziehungen eingeplant werden. Ein Mitarbeiter, der zur Freizeit mitfährt, muss bereit sein, sich auf Beziehungsarbeit einzulassen, egal, welche Aufgaben er sonst noch bei der Durchführung hat. Damit Beziehungen gepflegt werden können, sollten auch alle Mitarbeiter der wöchentlichen Gruppenstunde mit zur Freizeit fahren.

Zeit haben zum Zeithaben

Eine große Chance von Freizeiten ist, dass man genügend Zeit füreinander hat. Der Mitarbeiter, der mit zur Freizeit fährt, hat am Abend nicht den nächsten Termin, sondern kann seine Zeit mit den Kindern verbringen. Das sollte ein großes Ziel aller Freizeitmitarbeiter sein: Zeit für die Kinder zu haben.

Dazu ist es auch notwendig, dass die Mitarbeiter ihre freie Zeit im Programmablauf - also dann, wenn sie z.B. nicht gerade damit beschäftigt sind, zu spülen oder ein Spieleprogramm vorzubereiten - nicht nur für sich selbst nutzen, sondern vor allem für die Kinder da sind. Es ist wichtig, mit ihnen Fußball zu spielen, zu quatschen, auf der Decke zu liegen, abzuhängen usw. Gerade bei einer Wochenendfreizeit ist das eine große Chance, denn der Mitarbeiter kann wirklich viel Zeit mit den Kindern verbringen, da er nicht so viel Zeit zur persönlichen Regeneration braucht wie bei einer längeren Freizeit.

Zeit haben für Erlebnisse

Erlebnisse sind nach einer Definition des Erlebnispädagogen W. Antes immer unmittelbar und machen ganz und gar betroffen. Außerdem sind sie nicht 100% kalkulierbar und von relativer Einmaligkeit (vgl. Wolfgang Antes, „Erlebnispädagogik. Fundierte Methode oder aktuelle Mode?" in: Jugendstiftung Baden-Württemberg (Hrsg.), „Erlebnispädagogik. Theorie und Praxis in Aktion", Münster, 2. Aufl. 1993 [Praxishilfen der Jugendstiftung Baden-Württemberg], S. 12). Diese Definition trifft auf viele Freizeitaktionen zu. Kinder und auch Jugendliche werden sich noch lange Zeit an Freizeiterlebnisse erinnern und mit ihnen auch Inhalte verbinden können. Deshalb sollten Erlebnisse nicht zufällig eingetretene Pannen im Freizeitablauf sein, sondern bewusst gesteuerte Freizeiteinheiten, die mit den Kindern auch reflektiert werden.

Zeit haben für Gottes Wort

Die Bibel spielt bei christlichen Freizeiten eine bedeutende Rolle. An jedem Tag sollte mindesten eine Programmeinheit dabei sein, bei der man sich intensiv mit der Bibel beschäftigen muss. Um dabei gut arbeiten zu können, sollte jeder Teilnehmer eine Bibel mitbringen. Wenn Kinder keine Bibel besitzen, sollte man ihnen eine schenken oder zu einem sehr günstigen Preis verkaufen. Die Bibel sollte nicht nur in der Bibelarbeit oder dem Abschlussgottesdienst eine Rolle spielen, sondern immer wieder im Tagesablauf vorkommen, z.B. bei einem Tagesschluss oder bei einem Morgenimpuls. Dadurch lernen die Kinder, dass die Bibel in den Alltag hineingehört.

Zeit haben für Begegnungen mit Jesus Christus

Die Beschäftigung mit der Bibel hat das große Ziel, dass Menschen, hier im besonderen Fall Kinder, zu einer echten Beziehung mit Jesus Christus geführt werden. Da der Anfang dieser Beziehung oftmals kein punktuelles Ereignis, sondern eher ein Prozess ist, haben solche längeren gemeinsamen Zeiten miteinander und in der Verbindung mit Gott eine besondere Chance. Auf einer Wochenendfreizeit sollte den Kindern an einer Stelle gesagt werden, dass sie die Chance haben, ein Leben mit Jesus Christus zu führen. Das sollte sensibel, liebevoll und ohne Druck geschehen, denn Gott lädt uns ein, er kidnappt uns nicht.

Zeit für gemeinsames Arbeiten

Eine Freizeit bietet auch die Chance, dass Mitarbeiter und Kinder gemeinsam etwas arbeiten. Das kann die Durchführung der Freizeitelemente sein, aber genauso auch die allgemeinen Arbeiten, die zum Ablauf der Freizeit notwendig sind, z.B. Küchendienst. Diese Aufgaben sollten von den Mitarbeitern nicht nur als notwendiges Übel angesehen werden, sondern als Chance, Beziehungen aufzubauen.

Wo führe ich die Freizeit durch?

Das ist eine der wichtigsten Fragen, die bei der Freizeitvorbereitung als Erstes gestellt werden muss. Welche Möglichkeiten gibt es?

Freizeiten in Freizeitheimen

Viele Verbände, Werke, Kirchenbezirke usw. betreiben Freizeitheime. Man sollte sich gut überlegen, ob das entsprechende Heim für die eigene Gruppe geeignet ist. Dabei geht es nicht darum, in gute und schlechte Freizeitheime zu trennen, sondern für die Gruppe ein Freizeitheim zu finden, das den Wünschen, Anforderungen und Vorstellungen entspricht.

Folgende Fragen können bei der Wahl des geeigneten Freizeitheimes helfen:

■ Wie ist der Preis? Ist der Preis mit den Möglichkeiten der Jungscharler und ihrer Familien vereinbar?

■ Wie ist die Ausstattung? Kann ich mit Jungscharlern in das Haus gehen, ohne dass ich ständig in Angst leben muss, dass sie etwas kaputt- oder dreckig machen? Ich muss mir das Haus vorher mit den Augen der Jungscharler anschauen.

■ Wie ist die Versorgung (Selbstversorgung, Vollpension)? Selbstversorgung spart Kosten und bietet große Chancen zum Miteinander-Arbeiten, Vollpension ist natürlich wesentlich bequemer und ich habe mehr Zeit für die Kinder, da bei Selbstversorgerheimen viele Mitarbeiter durch die Küchenarbeit voll ausgelastet sind.

■ Wie ist das Gelände? Jungscharler brauchen Platz zum Spielen und Bewegen.

■ Wie groß ist das Haus? Die Frage ist dabei vor allem, ob ich mit meiner Gruppe allein im Haus bin oder ob sich noch andere Gruppen mit im Haus befinden.

Zeltlager

Ein Erlebnis sind immer wieder Jungscharzeltlager. Das ist eine gute Chance für eine Wochenendfreizeit, auch wenn der Vorbereitungsaufwand größer ist als bei einer Freizeit im Freizeitheim.

Hier ist vor allem die Frage nach einem geeigneten Platz von Bedeutung. Hilfreich ist es, wenn man nicht auf einen öffentlichen Zeltplatz geht, da zu viele Einflüsse auf die Teilnehmer einströmen können, die das gesamte Konzept durcheinander bringen können.

Geeignete Zeltplätze gibt es unter anderem an folgenden Orten:

■ Jugendherbergen oder Kinder- und Jugendfreizeitzentren haben zum Teil Gruppenzeltplätze mit einer guten Infrastruktur.

■ Freibäder vermieten ihre Wiese für Freizeitaktionen von Vereinen.

■ Ein Bauer aus einer umliegenden Gemeinde stellt eine Wiese zur Verfügung.

Freizeit im eigenen Gemeindehaus

Hier hat man die wenigsten Vorbereitungen und kennt die Gegebenheiten sehr gut. Mit ziemlich geringem Aufwand kann man gute Erlebnisse für die Gruppe schaffen. Man muss natürlich dabei auf die laufenden Gemeindeaktivitäten Rücksicht nehmen.

Wie organisiere ich eine Freizeit?

Folgender Zeitablauf gibt einen guten Rahmen zur Vorbereitung.

etwa 12 Monate vorher

Der Termin und das Freizeitheim werden festgelegt und miteinander abgestimmt. Der Vertrag mit einem Heim oder einem Zeltplatz sollte schriftlich erfolgen. Im Vertrag müssen alle Kosten, auch eventuelle zusätzliche Nebenkosten aufgeschlüsselt sein.

In langfristigen Plänen, z.B. Jahresplan der Gemeinde, muss der Termin schon mit veröffentlicht werden.

etwa 8 Monate vorher

Die Planung des Themas beginnt, ein Mitarbeiterteam wird zusammengestellt, ein erstes Mitarbeitertreffen findet statt. Weitere Mitarbeiter müssen gesucht werden, z.B. Koch.

Die Kalkulation muss erarbeitet werden. Die Themen und Aufgaben werden verteilt, damit die Mitarbeiter sich vorbereiten können.

etwa 3-5 Monate vorher

Ein Anmeldeflyer wird verteilt. Informationen, die unbedingt hineingehören:

- Thema der Freizeit
- Termin der Freizeit
- Ort der Freizeit
- Art der Freizeit (z.B. Zeltlager)
- Kosten der Freizeit
- Hinweise zur Anreise (eigene Anreise oder gemeinsame Anreise)
- Veranstalter
- Leiter der Freizeit
- Anmelden bis wann und bei wem
- Vom Leiter und/oder der Person, die die Anmeldung erhalten soll, müssen die Kontaktdaten auf dem Flyer stehen, mindestens eine Telefonnummer und die E-Mail-Adresse.
- Hinweise auf die Teilnahmebedingungen
- Hinweis für die Anzahlung des Teilnehmerbeitrags

Die Teilnahmebedingungen können als Kleingedrucktes auf dem Flyer stehen oder sind extra erhältlich, z.B. auf der Homepage der Gemeinde oder als Zusatzblatt zum Flyer.

Außerdem ist es sinnvoll, ein fertiges Anmeldeformular zu verwenden, um sicherzustellen, dass alle wichtigen Daten erfasst werden. Auf dem Anmeldeformular sollten mindesten diese Daten stehen:

- Name, Vorname
- komplette Adresse
- Telefonnummer
- Geburtsdatum
- Geschlecht
- besondere Hinweise, z.B. Allergien des Kindes
- Unterschrift eines Erziehungsberechtigten

etwa 3 Wochen vorher
Das letzte Vorbereitungstreffen muss stattfinden.
Die Teilnehmer erhalten einen Informationsbrief, in dem alle Dinge zur Freizeit stehen. Folgende Dinge müssen unbedingt in dem Brief stehen:

- Datum und Ort der Freizeit
- genauer Beginn der Freizeit, z.B. zwischen 17.00 und 18.00 Uhr müssen die Kinder im Freizeitheim sein oder gemeinsame Abfahrt 16.00 Uhr am Gemeindehaus
- genaues Ende der Freizeit, wann die Kinder wo abgeholt werden müssen
- ob die Eltern am Abschlussgottesdienst teilnehmen können
- bei eigener Anreise eine genaue Anschrift des Freizeitheimes und eine gute Anfahrtsbeschreibung
- Telefonnummer, unter der die Mitarbeiter während der Freizeit zu erreichen sind
- Dinge, die mitgebracht werden müssen: hier eine kleine Auswahl von Dingen, die bei verschiedenen Freizeiten oft gebraucht werden: Impfausweis, Krankenversichertenkarte, Bettwäsche, Schlafsack, Isomatte, Zelt, Hausschuhe, feste Schuhe, Badesachen, Tischtennisschläger, Taschenlampe, Bibel, Schreibzeug
- Bankverbindung oder andere Zahlungsmöglichkeit für den Teilnehmerbeitrag

einen Tag vor der Freizeit
Alle benötigten Utensilien müssen bereitgelegt und gepackt werden.
Die letzten Dinge vorbereiten. Alle Programmelemente sollten unbedingt vorher vorbereitet sein, auch die Spiele, die man schon häufig durchgeführt

hat – in einer fremden Umgebung ist vielleicht doch nicht das benötigte Material sofort griffbereit.

nach der Freizeit
- Finanzabrechnung erstellen
- Auswertung im Mitarbeiterteam

Wie läuft das Programm ab?

Neben den Mahlzeiten gibt es an einem Tag im Normalfall drei große Blöcke: Vormittags-, Nachmittags- und Abendprogramm.

Die **Bibelarbeiten** sollten in der Regel am Vormittag stattfinden, da die Teilnehmer zu diesem Zeitpunkt meistens gut aufnahmefähig sind. In die Bibelarbeit müssen immer wieder Elemente der Beziehungsarbeit eingebaut werden. Als eine gute Möglichkeit hat sich dabei folgendes Modell erwiesen: Die Bibelarbeit startet im Plenum mit gemeinsamem Singen und dem Erzählen der biblischen Geschichte. Danach gehen die Kinder in alters- und/oder geschlechtsspezifische Kleingruppen, um das Gehörte zu vertiefen und in den Alltag zu übertragen.

Die anderen Programmteile sollten eine gute Mischung aus Aktion und Ruhe sein. Ebenfalls notwendig ist eine Mischung aus **gestalteten Programmelementen** wie Themenabend, Spielparcours, Wanderungen usw. und **freien Zeiten**. Für diese Zeiten muss den Teilnehmern aber auch genügend Material zur Verfügung gestellt werden, mit denen sie diese Zeit füllen können, z.B. Fußball, Brettspiele usw.

Der geistlichen Gestaltung einer Freizeit tut es gut, wenn noch feste Punkte mit in den Ablauf eingebaut werden, die im Laufe des Tages einen **geistlichen Impuls** setzen. Einige Möglichkeiten sind z.B. Bibellesen am Morgen in kleinen Gruppen, Mittagsgebete oder das Tagesabschlussgebet mit allen oder in den einzelnen Zimmern.

Wochenendfreizeiten als Chance für Familien

Freizeiten können nicht nur mit speziellen Altersgruppen, sondern auch generationsübergreifend durchgeführt werden. Die gemeinsame Zeit bietet große Chancen für Familien.

Chancen für die Beziehungen

Viele Familien leben im Alltag nebeneinanderher, weil sich durch zeitlich unterschiedlich gestaltete Tagesabläufe nur wenige Berührungspunkte ergeben. Bei einem gemeinsamen Wochenende kann man Dinge miteinander tun, die im Alltag und zu Hause nicht möglich sind. Dadurch lernt man sich anders kennen und die Beziehung zum anderen wird gestärkt. Familien brauchen einen Programmmix aus Aktivitäten von allen Freizeitteilnehmern gemeinsam, Möglichkeiten in der eigenen Familie etwas zu gestalten und auch einzeln etwas zu unternehmen. Durch gemeinsame Familienaktivitäten, wenn z.B. Stationsspiele mit der ganzen Familie durchgeführt werden, wachsen die Beziehungen untereinander. Der Vorteil liegt auch darin, dass man Zeit hat und keine anderen Termine drücken.

Chancen für Familienerlebnisse

Bei einer Wochenendfreizeit hat man als Familie gemeinsame Erlebnisse. Hier kann man gemeinsam spielen, basteln, bauen usw. Erlebnisse stärken die Familie, weil man sich auch später noch an diese gemeinsamen Aktionen erinnern kann. Bei den Aktivitäten lernt jeder die anderen Familienmitglieder auch auf eine andere Art und Weise kennen, wenn z.B. der Vater mit den Kindern bastelt oder alle gemeinsam bei Wasserspielen herumtoben.

Chancen für die Beziehung mit Gott

Bei Familienfreizeiten sollten geistliche Elemente für alle Generationen eingebunden sein und auch altersspezifische Angebote. Für alle Altersgruppen bietet sich aber die Chance, sich an einem Wochenende intensiver mit Gottes Wort zu beschäftigen, als es im Alltag möglich ist.
Hier können verschiedene Interessengruppen gebildet werden, z.B. Männerbibelgespräch. Aber auch ungewöhnliche Formen sind möglich, z.B. Teenager fragen ihre Eltern Glaubensfragen usw.
Wichtig ist es im Blick zu haben, dass alle Teilnehmer im Laufe der Freizeit mindestens eine Einheit haben, bei der sie sich ungestört mit dem Wort Gottes beschäftigen können. Wenn also viele kleine Kinder dabei sind, die Betreuung brauchen, dann kann z.B. an einem Vormittag von den Eltern der

größeren Kinder eine Kleinkindbetreuung übernommen werden, damit die Paare zusammen eine Bibelarbeit erleben können.

So kann man sich als Familien gegenseitig stärken und unterstützen und dabei wieder die Beziehungen intensivieren.

Ort der Freizeit

Genau wie bei der Planung von Jungscharfreizeiten spielt die Auswahl des Ortes eine große Rolle. Fragen, die man sich zur Vorbereitung stellen sollte, sind z.B.:

- Fahren wir in ein Freizeitheim oder gibt es Alternativen wie Zeltlager, Wohnwagen, Scheune usw.?
- Sind die Möglichkeiten für die Altersstruktur der Familien geeignet (genügend Zimmer, Möglichkeiten zur Versorgung von Kleinkindern, gutes Preis-Leistungs-Verhältnis auch für einkommensschwache Familien usw.)?
- Vollpension oder Selbstversorgung? Selbstversorgerheime sind immer eine preiswerte Alternative. Jede Familie kann z.B. für eine Mahlzeit verantwortlich sein und man hat hinterher das Erlebnis: Wir haben für alle gekocht. Legt man dagegen Wert auf das Ausruhen und Sich-Zurücklehnen, sollte man ein Heim mit Vollverpflegung suchen.

Planung der Freizeit

Die organisatorische Planung der Freizeiten geschieht nach dem gleichen zeitlichen Grundraster, wie auch Jungscharfreizeiten geplant werden (siehe oben). Bei der Vorbereitung sollte man aber gut auf die Wünsche der Teilnehmenden hören, denn die Erwartungen und Gewohnheiten der Familien sind sehr unterschiedlich.

Auch bei Familienfreizeiten sind drei große Blöcke am Tag zu planen. Hierbei sollte man besonders im Blick haben, zu welchen Zeiten die Familien individuell etwas unternehmen können und wie Tagesabläufe gerade von kleineren Kindern im Gesamtablauf zu berücksichtigen sind.

Die meisten der **Aktionen**, die in diesem Buch vorgestellt werden, sind auch mit Familien gut durchführbar oder müssen nur leicht abgeändert werden.

Spiele, Aktionen und Kreativideen können von allen gemeinsam gemacht werden.

Die **Bibelarbeitsentwürfe** sind für Kinder im Alter von 8-12 Jahren vorgesehen, deshalb brauchen die Erwachsenen und die Teenager parallel eigene Bibelarbeiten. Interessant ist es, dafür die gleichen Themen und Bibeltexte zu nehmen, damit sich die Familienmitglieder im Anschluss noch über ihre unterschiedlichen Erfahrungen mit dem gleichen Bibeltext unterhalten können.

Am Ende sollte ein **gemeinsamer Abschluss** stehen. Am besten eignet sich dazu der Familiengottesdienst.

BIBEL

Begrüßungsabend: Bibelspiele

Ziel
Die Teilnehmer sollen die Inhalte der biblischen Bücher kennen lernen und mit den anderen Teilnehmern der Freizeit in Kontakt kommen.

Ablauf
Die Teilnehmer werden in Gruppen zu je fünf Personen eingeteilt. Zu jeder Gruppe gehört ein Mitarbeiter, der die Kinder bei den Aufgaben unterstützt und berät. Der Mitarbeiter sollte auf diesen Abend so vorbereitet sein, dass er sich mit den Inhalten der einzelnen biblischen Bücher auskennt.

In der Mitte liegen Kärtchen, auf denen die Namen der einzelnen biblischen Bücher stehen.
Nun zieht jede Gruppe ein Kärtchen mit einem biblischen Buch.
Die Gruppe denkt sich eine Aufgabe aus, die mit dem Inhalt des biblischen Buches zu tun hat. Die Aufgabe muss in fünf Minuten mit dem vorhandenen Material (aus der Mitte oder von der Gruppe zur Verfügung gestellt) zu lösen sein.
In der Mitte liegt verschiedenes einfaches Material, das zur Lösung der Aufgabe verwendet werden kann, z.B. Papier, Zeitungen, Stifte usw.
Die Aufgabe wird auf einen Zettel geschrieben.

Hier einige Beispiele:
1. Mose – In dem Buch steht die Geschichte vom Turmbau zu Babel. Aufgabe: Ihr habt fünf Minuten Zeit, um aus Papier einen Turm zu bauen, der möglichst hoch ist und frei steht.
2. Mose – In diesem Buch stehen die Zehn Gebote. Aufgabe: Schreibt die Zehn Gebote auf!
3. Mose – In diesem Buch stehen viele Gesetze. Aufgabe: Schreibt ein Gesetz mit acht Paragraphen für diese Wochenendfreizeit!
4. Mose – Es geht um Geschlechtsregister und viele Altersangaben. Aufgabe: Rechnet das genaue Alter eurer Gruppe aus, also mit Jahren, Monaten und Tagen!

Matthäus – In diesem Evangelium steht die Geschichte von den Weisen aus dem Morgenland. Aufgabe: Überlegt euch drei Geschenke für die Gruppe, die sich diese Aufgabe ausgedacht hat!
Markus – Spielt eine Geschichte aus dem Markusevangelium nach!
Lukas – Lukas war Arzt. Schient einem Mitglied eurer Gruppe das linke Bein!

Jede Gruppe hat fünf Minuten Zeit, sich die Aufgabe auszudenken und vorzubereiten. Dann wird der Aufgabenzettel an eine andere Gruppe weitergegeben. Nun haben die Gruppen wieder fünf Minuten Zeit, um die Aufgabe zu lösen und danach Lösungen vorzuführen.

Alle Aufgabenlösungen werden mit Applaus belohnt und am Ende der Spielrunde gibt es für alle einen Preis, evtl. eine Süßigkeit, ein Eis usw. Da die Aufgaben sehr unterschiedlich und damit nicht vergleichbar sind, erfolgt bei diesem Abend keine Wertung nach Punkten und Sieger sind immer alle.
Nachdem diese erste Spielrunde gespielt wurde, ziehen sich alle Gruppen das nächste Kärtchen mit einem biblischen Buch und denken sich die nächste Aufgabe aus, die dann an eine andere Gruppe weitergegeben wird.

An einem Abend können vier bis fünf Runden gespielt werden und es werden damit nicht alle biblischen Bücher bearbeitet. Um das Spiel etwas einfacher zu machen, kann man deswegen die unbekannteren Bücher wie Nahum, Obadja usw. herausnehmen.

Nachtaktion 1: Bibelversschmuggel
Alle Teilnehmer werden in vier Gruppen eingeteilt. Sie müssen sich an den vier Außenlinien eines festgelegten, möglichst quadratischen Waldstückes aufhalten.
In der Mitte des Spielfeldes, das je nach Anzahl der Teilnehmer ca. 500 x 500 m groß ist, befindet sich ein Mitarbeiter, der *Bibelverbreiter*. Zu ihm müssen die geschmuggelten Bibelverse gebracht werden.
Im Spielfeld befinden sich drei Mitarbeiter, die die Bibelverse austeilen, die *Bibelverteiler*. Sie haben Kärtchen mit Bibelversen dabei. Immer wenn sie ein Kind in der Dunkelheit treffen, geben sie ihm einen Bibelvers. Das Kind hat nun die Aufgabe, diesen Vers zum Mitarbeiter in der Mitte zu bringen.
Außerdem sind im Spielfeld noch drei andere Mitarbeiter, die *Bibeljäger*. Sie können den Kindern die Bibelverse wieder abnehmen.
Am Anfang des Spieles wissen die Kinder nicht, welche Mitarbeiter Bibeljäger und Bibelverteiler sind. Das müssen sie vorsichtig herausfinden. Bedingung

für das Spiel ist, dass jedes Kind immer nur eine Bibelverskarte schmuggeln darf und dass sie ehrlich sagen müssen, wenn sie eine Karte besitzen. Wenn ein Kind beim Bibelverbreiter angekommen ist, sagt es den Namen seiner Gruppe, gibt den Bibelvers ab und darf sich bei einem Bibelverteiler einen neuen Vers holen. Nach ca. 45 Minuten ertönt das Schlusszeichen.

Gewonnen hat die Gruppe, die die meisten Bibelverse zum Bibelverbreiter gebracht hat.

Nachtaktion 2: Lagerfeuer mit Klopapierdrachen

Das ist eine besondere Art, ein Lagerfeuer zu entzünden. Es gelingt zwar nicht immer, aber wenn es klappt, dann hat man einen sehr schönen Effekt. Ein mindestens 2 m hohes Tipifeuer wird aufgebaut. In die Mitte des Feuers wird ein ca. 3-5 Meter langer Ast gesteckt, an dessen Ende eine Rolle Klopapier steckt. Entzündet man das Feuer, entsteht durch die Tipikonstruktion eine Stichflamme unter dem Mittelast. Ist die Flamme sehr groß und heiß, wird dadurch das Klopapier abgewickelt und es fliegt als Drachenschwanz weit über dem Feuer.

Bibelarbeit 1: Die Bibel – Hilfe in meinem Leben
2. Chronik 34,8-28

Ziel
Wir Menschen brauchen die Bibel, weil sie uns hilft, Gottes Wege mit uns zu erkennen und zu verstehen.

Gedanken zum Bibeltext
König Josia ist schon als Kind König geworden. Er liebt Gott und will nach seinem Willen leben. Er führt im Land eine Reform ein, durch die sich das Volk wieder neu auf Gott besinnen soll. Außerdem beschließt er, den Tempel zu renovieren. Als Geld aus der Tempelkasse geholt werden soll, um die Renovierungsarbeiten zu bezahlen, wird in der Geldkiste eine Buchrolle entdeckt. Es handelt sich dabei vermutlich um das 5. Buch Mose. Als König Josia davon erfährt und einige Stellen daraus vorgelesen bekommt, ist er entsetzt, denn es ist von einem drohenden Gericht die Rede, das eintritt, wenn das Volk nicht umkehrt. Der König lässt die Prophetin Hulda befragen, ob das Buch echt ist und was diese Aussagen für ihn und das Volk zu bedeuten haben. Die Prophetin sagt zwei Dinge: Die Strafe wird wegen des Ungehorsams des Vol-

kes eintreten. Doch Gott ist gnädig und das Gericht wird solange ausbleiben, wie Josia am Leben ist.

Somit weiß der König, dass das alte Buch Recht hat, dass es mit seinem Leben zu tun hat und dass es ihm bei seiner Arbeit und in seinem Leben eine Hilfe sein will.

Verkündigung im Plenum

Einstiegsspiel

Es wird zum Einstieg ein Spiel gespielt, bei dem das Thema Hilfe verdeutlicht werden soll.

Die Kinder stellen sich in Zweiergruppen zusammen. Einem Kind wird eine ca. 50 cm lange Schnur an beide Handgelenke gebunden. Dem anderem Kind ebenso, jedoch wird die Schnur erst hinter der Schnur des ersten Kindes hindurchgeführt. So sind beide Kinder ineinander verbunden. Sie haben nun die Aufgabe, sich voneinander zu lösen, ohne die Schnur zu zerreißen oder vom Handgelenk zu lösen. Lösung: Ein Kind muss seine Schnur vom Ellenbogen her zwischen Knoten und Handgelenk des anderen Kindes hindurchziehen und die Schlaufe über die Hand streifen und schon ist es frei.

Übertragung

Manchmal sind wir ziemlich gebunden. Wir versuchen uns mit allen möglichen Verrenkungen zu lösen und doch gelingt uns das nicht, weil wir uns dabei nur im Kreis drehen. Da ist es gut, wenn Hilfe kommt, wenn jemand sagt, wie uns geholfen wird.

Einer, der Hilfe bekommen hat, war Josia. Er war König in Israel. Er war noch sehr jung und trotzdem hatte er schon viel erreicht. Er wollte so leben, wie Gott es wollte, wusste aber nicht wie. Er hatte eine Idee, wie er damit anfangen wollte. Er ließ den Tempel renovieren. Den Auftrag hatte er gegeben und nun ging es ans Bezahlen der Renovierungsarbeiten.

Anspiel

Da schauen wir uns einmal an, was im Thronsaal von König Josia geschah:

Ein König sitzt auf einem Thron. Die Tür geht auf und der Schreiber Schafan kommt hereingerannt. Er hat eine Kiste in der Hand, in der sich einige Geldstücke und eine Schriftrolle befinden.

Schafan: Oh, großer König, seht, was wir hier gefunden haben!

Josia: Ja, das sehe ich. Die Tempelkasse. Aber warum bringst du sie hierher, ich brauche das Geld nicht. Das sollen die Handwerker erhalten, die die Renovierungsarbeiten im Tempel ausgeführt haben.

Schafan:	Ja, das Geld ist auch in der Kasse und vieles haben wir schon ausgegeben. Der Tempel ist wirklich schön geworden. Aber es gibt noch etwas Wichtigeres in dieser Kasse. Seht! Eine Schriftrolle. *(Er holt die Schriftrolle heraus.)*
Josia:	Das wird doch sicher eine Schriftrolle mit alten Rechnungen sein. Was soll ich damit?
Schafan:	Nein, eben nicht. Der Text geht mit folgenden Worten los: „Dies sind die Worte, die Mose zu ganz Israel redete …"
Josia:	Was, das alte Buch ist von Mose? Ist es wirklich das Buch, in dem er aufgeschrieben hat, was Gott von unserem Volk will und was er mit unserem Volk vorhat? Das Buch, das so lange verschollen war?
Schafan:	Vermutlich ist es das. Hört weiter, was hier drinsteht: „Ich bin der Herr, dein Gott. Du sollst keine anderen Götter neben mir haben."
Josia:	Was steht noch drin?
Schafan:	Dass wir diese Gebote nicht eingehalten haben und wir deshalb eine gerechte Strafe verdient haben.
Josia:	Kann das sein? Wer kann uns jetzt noch helfen? Ich glaube, dass das die Wahrheit ist, die in dem Buch steht. Ich will aber auf Nummer sicher gehen. Geh mit der Schriftrolle zur Prophetin Hulda und frage sie, ob das Buch wirklich echt ist und wie wir uns verhalten sollen!

Schafan geht.
Eine kurze Pause entsteht und dann kommt Schafan wieder hereingestürmt.

Schafan:	König, es ist alles wahr!
Josia:	Sage mir, was die Prophetin gesagt hat!
Schafan:	Sie nahm die Rolle und sagte bedeutungsvoll: Diese Schrift ist wirklich Gottes Wort.
Josia:	*(ungeduldig)* Und weiter?
Schafan:	Sie sagte auch, dass Gottes Wort wahr werden wird und unser Volk verloren ist, weil wir nicht auf Gottes Gebote gehört haben.
Josia:	Das ist ja entsetzlich!
Schafan:	Sie sagte aber auch noch, dass Gott gnädig ist und das Gericht nicht eintreffen wird, solange du, König Josia, noch am Leben bist, denn du richtest dich nach Gott und holst dir bei ihm Hilfe für dein Leben. Was können wir nur tun?
Josia:	Gott um Vergebung bitten.

Vertiefung in Kleingruppen

Die Kinder werden gefragt, wo sie Hilfe brauchen.

Mögliche Antworten: bei schwierigen Hausaufgaben, bei einem neuen technischen Gerät usw.

Die Bibel gibt uns in vielen Lebensfragen Hilfestellung. So wie Josia sich Hilfe aus dem Wort Gottes, der Bibel, und den alten Schriften holte, so können wir es auch heute noch tun.

Das üben wir nun in den kleinen Gruppen, indem wir einen Bibeltext aus dem Neuen Testament in der Bibel aufschlagen, ihn lesen und dabei fragen, was er mit unserem Leben zu tun hat.

Vorschlag: 2. Timotheus 2,16-17 lesen und mit folgenden Schritten bearbeiten:

1. Beten, damit ich den Text verstehe.
2. Den Text lesen.
3. Ich sammle meine Gedanken zu dem Text.
4. Ich stelle meine Fragen zu dem Text.
5. Ich suche mir einen wichtigen Gedanken aus dem Text heraus.
6. Ich bete zum Abschluss.

Bibelarbeit 2: Die Bibel – der Wert in meinem Leben
Psalm 119,72

Ziel

Die Kinder lernen die Bibel als ein Buch mit wertvollen Inhalten kennen und sollen den Wert der Bibel für ihr Leben entdecken.

Gedanken zum Bibeltext

Der Psalm 119 ist der umfangreichste Psalm, den es in der Bibel gibt. Zugleich ist es auch einer der kunstvollsten. Jeweils acht Verse beginnen mit dem gleichen Buchstaben. So ordnen sich 22 Achtzeiler (da das hebräische Alphabet 22 Buchstaben hat) aneinander. Viele Gedanken wiederholen sich oder kreisen immer wieder um das gleiche Thema. Das Hauptthema des Psalms lautet: Gottes Wort und das Gesetz sind der Mittelpunkt des gesamten Lebens.

Die Grundlage für die Ausarbeitung bietet allein der Vers 72, es lohnt sich aber trotzdem einmal den gesamten Psalm im Zusammenhang zu lesen, da immer wieder neue Bilder gebraucht werden, die das Wort Gottes beschreiben.

Der Vers 72 beschreibt ein Bild, in dem das Wort Gottes mit vielen wertvollen Geldmünzen verglichen wird. Das ist aber nicht der einzige Vergleich mit Geld oder Reichtum. In Vers 14 wird zum Beispiel gesagt, dass man sich über das Wort Gottes so freut wie über großen Reichtum.

Inmitten eines Psalms, bei dem die Bedeutung des Wortes Gottes im Mittelpunkt steht, findet sich im Vers 72 ein Satz, der deutlich macht: Das Wort Gottes ist das Wertvollste, das es überhaupt gibt.

Verkündigung im Plenum

Der Verkündiger geht mit den Kindern auf Schatzsuche. Dazu hat er sich so verkleidet, dass er als Schatzsucher zu erkennen ist, z.B. Safarihemd, Wanderstiefel, Hut mit breiter Krempe, Fernglas umgehängt, Spaten, Rucksack o.Ä.:

„Hallo, herzlich willkommen zu unserer Schatzsuche! Ich möchte mich euch vorstellen, ich bin Karl-Friedrich Trescher und ich gehe auf Schatzsuche. Das ist mein Hobby. Ich habe schon viele Schätze gefunden. Einmal ein verlorenes Geldstück, dann ganz tief eingegraben eine Kiste, die aber leider leer war. Na ja, ich gebe jedenfalls nicht auf. Ich suche weiter nach dem Schatz. Irgendwo muss er doch zu finden sein! Ich habe einige Anhaltspunkte, dass das hier irgendwo bei euch im Raum sein muss *(fängt mit Graben an)*. Nein, das bringt nichts, zum Graben muss ich doch nach draußen gehen. Aber vielleicht liegt hier bei euch irgendwo ein Schatz verborgen *(schaut unter den Stühlen nach)*! Nein, das bringt alles nichts, ich schaue einfach noch einmal in mein Notizbuch, ob ich da ein paar Hinweise finde *(holt sein Notizbuch raus und liest darin)*. Hier stehen einige Dinge drin, die mir vielleicht helfen können auf meiner Schatzsuche. Aber die habe ich gar nicht alle dabei. Kinder, könnt ihr mir helfen, diese Dinge zu suchen?"

Spiel

Der Schatzsucher liest aus seinem Notizbuch Dinge vor und die Kinder müssen diese Dinge holen. Das Ganze passiert in zwei Gruppen, evtl. Jungen gegen Mädchen.

Folgende Dinge sind zu holen (diese Dinge können je nach Jahreszeit und Örtlichkeit variieren, wichtig ist, dass es zehn Dinge sind):

- Mütze
- Geldstück
- Taschentuch
- Blume
- Stein

- Ring
- Kette
- Handy
- Buch
- Uhr

Diese zehn Gegenstände werden gut sichtbar vorn hingelegt.

Schatzsuche

„Was könnte das bloß für eine Bedeutung haben? Ob diese ganzen Sachen mir bei meiner Schatzsuche wirklich helfen können? Gut, der Ring hier und auch das Geldstück, das sind schon ganz besondere Schätze. Aber das kann doch noch nicht der wirkliche Schatz sein. So wertvoll ist der gar nicht. Und außerdem muss ich euch die Schätze zurückgeben. Diese Gegenstände habe ich mir doch nur von euch geborgt. Das sind nicht meine Schätze. Was könnte das bloß zu bedeuten haben?

Wie viele Dinge sind das eigentlich - zehn? Vielleicht hat das eine Bedeutung? Vielleicht ist der Schatz zehn Minuten von hier entfernt vergraben oder zehn Kilometer von hier entfernt in einem Fluss versenkt. Das würde alles zu lange dauern, das herauszubekommen. Wir probieren die Schatzsuche einfach mal aus!

Ich schlage vor, dass zehn Leute losgehen, und zwar zur Tür raus und dann zehn Schritte - aber in welche Richtung? Weiß ich nicht. Dann teilt ihr euch einfach, fünf gehen zehn Schritte nach links und fünf gehen zehn Schritte nach rechts. Mal sehen, ob ihr einen Schatz findet!"

(Hier können je nach räumlichen Gegebenheiten auch andere Anweisungen gegeben werden. An den beiden angegebenen Stellen müssen zwei Schatzkisten zu finden sein. In der einen befinden sich Geldstücke, Geldscheine, Schmuck und andere wertvolle Dinge. In der anderen Kiste befinden sich eine Bibel und ein Zettel mit einem großen „W".)

Die Kinder kommen mit den Schatzkisten herein.

Öffnen der Schatzkisten

„Ist ja toll! Ihr habt den Schatz gefunden! Nein, das gibt es doch nicht! Das sind ja gleich zwei Schätze! So ein Glück. Jetzt müssen wir aber endlich den Schatz auspacken. Was wird wohl drin sein? *(Öffnen der ersten Kiste mit den wertvollen Dingen)* Das gibt es doch gar nicht! Solche wertvollen Sachen. Das ist schon ein echter Schatz.

Was mag da wohl in der anderen Kiste drin sein? Vielleicht noch mal das Gleiche? Die Kisten sehen sich ja sehr ähnlich. Vielleicht ist sie auch nur leer? Oder es ist etwas noch viel Wertvolleres drin. Na, mal sehen! *(Öffnen der zweiten Kiste)*

Nanu, was ist denn das? Ein Buch. Ein ganz besonderes Buch! Eine Bibel. Wie die wohl in die Schatzkiste kommt? Gehört die wirklich hier rein? Oh, hier liegt sogar ein Lesezeichen drin. Vielleicht steht an der Stelle etwas Wichtiges. Vielleicht, warum die Bibel ein Schatz ist.

(*Vorlesen Psalm 119,72: ‚Das Gesetz deines Mundes ist mir lieber als tausend Stücke Gold oder Silber.'*) Was hat das wohl zu bedeuten? Warum ist das so? Vielleicht hilft der Zettel weiter, der hier noch in der Kiste drin ist. Da steht ein großes „W" drauf! Ah, ich habe eine Idee: Dieses „W" ist der Anfangsbuchstabe von einigen Worten, die mit „W" beginnen und die uns sagen, warum die Bibel ein Schatz ist:

WAHR – Die Bibel ist wahr. Was in dem Buch steht, das stimmt. Das ist ganz echt. Schaut euch mal diesen Geldschein an, der ist echt, und schaut euch mal den an, der ist nicht echt, das ist bloß eine Kopie. Die Bibel ist wahr und echt, weil sie von Gott ist. Er will zu uns reden und deshalb ist die Bibel das, was er uns Menschen sagen will: den Menschen damals, die das aufgeschrieben haben, und auch noch uns heute.

WICHTIG – Warum denn das? Weil sie mir in meinem Leben weiterhilft. Wenn ich mal traurig oder einsam bin, wenn ich große Sorgen habe, wenn mein bester Freund in eine andere Stadt ziehen muss, dann hilft mir kein anderes Buch, da hilft nicht Harry Potter oder ein Mathematikbuch. Da hilft nur die Bibel. Deshalb ist sie so wichtig für mich.

WERTVOLL – Die Bibel ist das einzige Buch, das von Gott redet und das für immer gilt. Was in der Bibel steht, hat schon vor vielen Jahrhunderten gestimmt und stimmt auch noch heute und es wird in vielen Jahren auch noch stimmen. Deshalb ist die Bibel so wertvoll, weil sie von Gott ist, weil Gott mit mir durch die Bibel redet und weil sie für immer gilt.

(*Während die Stichworte gesagt werden, können die Worte auch auf große Blätter geschrieben werden.*)
Da haben wir ja heute Nachmittag doch noch einen Schatz gefunden. Sogar zwei! Erst sah es ja so aus, als wäre in der ersten Kiste der große Schatz drin gewesen, aber dann haben wir zum Glück noch gemeinsam entdeckt, dass der größte Schatz, den wir haben können, die Bibel ist. Sie ist wertvoller als alle anderen Schätze, die wir haben."

Vertiefung in Kleingruppen

Die Kinder kommen in die Kleingruppe und setzen sich im Kreis. In der Mitte des Kreises liegt eine Bibel.

Es findet ein Gespräch zum Thema Bibel statt:
■ Wer von euch hat eine Bibel?
■ Was habt ihr für Erfahrungen mit der Bibel gemacht?
■ Lest ihr manchmal in der Bibel?
■ Versteht ihr das alles?
■ Was macht ihr, wenn ihr etwas nicht versteht?
■ Könnt ihr solche Situationen erzählen, in denen ihr ganz viele Fragen zur Bibel gehabt habt?
Hier sollte man sich viel Zeit lassen, um auf die Fragen und Einwände der Kinder einzugehen.

Danach wird das im Gespräch Erarbeitete in einem Spiel vertieft:
Die Kinder werden in zwei Gruppen eingeteilt. Eine Gruppe erhält Kärtchen mit Bibelversen, z.B. „Dein Wort ist meines Fußes Leuchte und ein Licht auf meinem Weg" oder „Der Herr ist mein Hirte" usw.
Die andere Gruppe erhält Kärtchen, auf denen Situationen aus dem Alltag beschrieben sind, z.B. „Ich habe mich verlaufen"; „Ich habe aus Versehen Muttis beste Vase runtergeschmissen"; „Ich habe in der Schule in der schwierigen Mathearbeit eine 1 geschrieben" usw.
Jetzt sind die Gruppen abwechselnd an der Reihe. Zuerst liest eine Gruppe eine Situation vor. Nun muss die andere Gruppe einen Bibelvers finden, der in dieser Situation helfen kann. Danach wird getauscht. Die zweite Gruppe liest einen Bibelvers vor und die erste Gruppe muss eine Situation finden, in die dieser Bibelvers passt. Es geht bei der Lösung nicht um richtig oder falsch, sondern darum, die Bibelverse in den Alltag zu übertragen.

Nachmittagsprogramm: Kreatives zum Thema Buch

Ablauf
Es werden verschiedene Stationen aufgebaut, die alle etwas mit dem Thema Buch zu tun haben. Die Teilnehmer können sich eine oder mehrere Stationen auswählen, an der sie an diesem Nachmittag arbeiten.

Basteln eines Buches mit Kreidewischbildern
Es werden einfache Schablonen aus Pappe hergestellt, z.B. Herz, Kreuz usw.

Es eignen sich aber auch einfache geometrische Figuren wie Dreieck, Kreis und Rechteck. Auf den Rand der Schablone wird ein dicker Kreidestrich in beliebiger Farbe gemalt. Die Schablone wird auf ein Blatt Papier gelegt und mit einem Wattebausch wird die Kreide auf das Papier gewischt. Wenn man mehrere Seiten gestaltet hat, können diese Blätter nun zu einem Buch zusammengebunden werden.

Basteln eines Lesezeichens

Es werden kopierte Lesezeichen ausgelegt, die von den Teilnehmern in bunten Farben bemalt werden können. Dann wird mit einem Locher an einem Ende des Lesezeichens ein Loch gestanzt und noch ein buntes Band hineingeknüpft. Dieses Lesezeichen kann man für seine Bibel oder natürlich auch für jedes andere Buch verwenden.

Buch binden

Eine einfache Anleitung zum Buchbinden findet ihr hier. Man kann natürlich auch noch viel kompliziertere Buchbindearbeiten durchführen. Verschiedene Anleitungen findet man in Fachbüchern oder im Internet.

Material: weiße DIN-A4-Blätter, zwei Kartons (ca. 24 cm breit und 31 cm hoch), etwas Geschenkband oder dünne Schnur, einen Knopf, Verziermaterial
Am einfachsten ist es, wenn man unbeschriebene DIN-A4-Blätter zusammenbindet. Bei beschriebenen Blättern ist zu beachten, dass der linke Rand nicht mehr zu sehen ist.

Die Kartons und die Blätter werden mit vier Löchern gelocht. Die Kartons müssen für die senkrechte Falzung leicht eingeritzt werden.

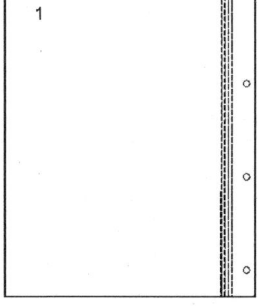

Die Kartons werden mit Geschenkband oder dünner Schnur um die Blätter gebunden.

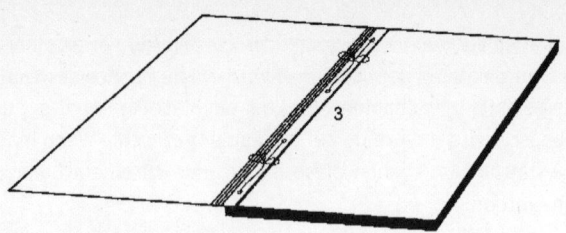

Anschließend werden die Kartons über die Blätter geklappt.

Am unteren Karton wird eine Schnur und am oberen Karton ein Knopf angebracht. Wickelt man nun die Schnur um den Knopf, ist das Buch gut verschlossen.

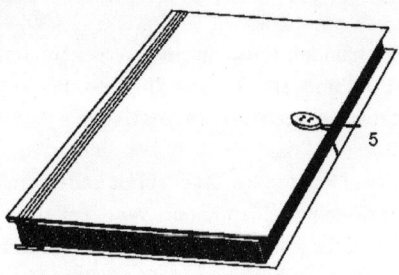

Nun kann der Einband noch verziert und gestaltet werden.

Buchdeckel gestalten
Dazu braucht man Hefte, die einen hellen Einband haben. Diese Einbände werden mit Serviettentechnik schön gestaltet.

Bücher drucken
Kartoffeldruck - Eine Kartoffel wird halbiert und Muster hineingeschnitten. Das Muster auf der Kartoffel wird mit Farbe angemalt und in ein Buch gedruckt. Sehr schön sieht es aus, wenn die Anfangsbuchstaben eines Textes, der geschrieben werden soll, mit einem gedruckten Buchstaben beginnen.

Buchhülle basteln
Für ein Buch, z.B. die eigene Bibel, wird eine Hülle gestaltet. Dazu wird das Buch auf ein Stück Leder gelegt und die Umrisse abgemalt. Nun muss man noch etwas Rand dazurechnen und die Klappe zum Einstecken der Buchdeckel. Die Lederhülle wird mit einem dicken Faden und einer dicken Nadel umstochen, sodass ein Umschlag entsteht. Die Vorderseite des Umschlags

kann auch noch weiter gestaltet werden, indem Symbole (Herz, Kreuz, Anfangsbuchstaben des Namens usw.) aus andersfarbigem Leder ausgeschnitten und auf den Umschlag geklebt werden.

Abendprogramm: Der große Psalmenabend

Die Teilnehmer werden in mehrere Gruppen eingeteilt. In jeder Gruppe sollte ein Mitarbeiter oder Erwachsener dabei sein, der die Kinder bei der Durchführung unterstützt und motiviert. Im Laufe des Abends finden Spielrunden statt, in denen die Teilnehmer sich auf unterschiedliche Art und Weise mit dem Thema Psalmen auseinandersetzen sollen.

1. Psalm vertonen

Die Psalmen wurden ursprünglich gesungen. Die Teilnehmer haben deshalb die Aufgabe, einen Psalm zu singen. Sie sollen sich einen Psalm heraussuchen und diesen als Lied vortragen.

Die Gruppen haben zehn Minuten Zeit zur Vorbereitung und dann erfolgt die Aufführung der einzelnen Gruppen.

2. Einen Schöpfungspsalm darstellen

Ein bekannter Schöpfungspsalm ist der Psalm 104. Darin wird beschrieben, was Gott alles gemacht hat. Das wird nun von den Gruppen dargestellt, indem sie Dinge aus der Schöpfung sammeln. Das können Gräser, Früchte, Erde oder Blätter sein. Daraus sollen sie eine Collage herstellen.

Die Gruppen haben 15 Minuten Zeit zum Basteln.

3. Psalmen sind Lieder zur Ehre Gottes

Wir singen einige Lieder, z.B. (aus: Kinder feiern Jesus):

Nr. 17, Herr, dein Name sei erhöht

Nr. 21, Nur deine Liebe, Herr, ist größer

Nr. 203, Ich preise dich am Morgen

4. Psalm 23 darstellen

Der bekannteste Psalm ist der Psalm 23. Die Gruppen sollen diesen Psalm spielen. Das kann auf sehr unterschiedliche Art und Weise geschehen. Eine Möglichkeit ist ein Theaterstück, bei dem der Hirte mit seinen Schafen auftritt. Eine andere Möglichkeit ist ein Schattenspiel mit ausgeschnittenen Schafen und Hirten usw.

Auch hier muss den Gruppen ca. 15 Minuten Zeit zur Vorbereitung zur Verfügung gestellt werden.

5. Essen

Im Psalm 23 heißt es auch: „Du bereitest vor mir einen Tisch im Angesicht meiner Feinde." Wir sind hier zwar nicht von Feinden umgeben, aber ein Tisch ist trotzdem für uns vorbereitet worden. Nun gibt es einen kleinen Imbiss, z.B. ein Puddingbuffet.

6. Psalmenquiz

Die Gruppen erhalten einen Zettel, auf dem die Zahlen von 1-15 untereinander stehen. Sie müssen nun die jeweils richtige Antwort (A, B oder C) dahinter schreiben.

1. Was ist das letzte Wort in den Psalmen?
   A Amen
   B Halleluja
   C Ewigkeit

2. Was kann man nach der Aussage eines Psalmbeters zusammen mit Gott machen?
   A Pferde stehlen
   B dem Tod ins Auge blicken
   C über Mauern springen

3. In welcher Sprache wurden die Psalmen ursprünglich geschrieben?
   A Hebräisch
   B Griechisch
   C Aramäisch

4. Wer übersetzte die Psalmen ins Deutsche?
   A Hieronymus
   B Philipp Melanchthon
   C Martin Luther

5. Wie lautet der Refrain von Psalm 136?
   A Halleluja
   B Denn seine Güte währet ewiglich
   C Du erquickest meine Seele

6. Wie lautet der erste Satz der Psalmen?
   A Der Herr kennt die Wege der Gerechten
   B Erhöre mich, wenn ich rufe, Gott meiner Gerechtigkeit
   C Wohl dem, der nicht wandelt im Rat der Gottlosen

7. Wie ist nach Psalm 1 jemand, der treu das Gesetz Gottes befolgt?
   A wie ein Baum am Bach
   B wie ein Schaf bei seinem Hirten
   C wie eine Stadt mit fester Mauer

8. Wie wird das Wort Gottes im Psalm 119 beschrieben?
   A als Licht auf dem Weg
   B als feste Burg
   C als goldenes Buch

9. Welches Buch steht in der Lutherbibel nach dem Psalter?
   A Hiob
   B Sprüche
   C Ester

10. Wie viele Verse hat der kürzeste Psalm?
    A 2
    B 6
    C 10

11. Mit was wird im Psalm 128 die Frau in einem gesegneten Hausstand verglichen?
    A Zeder
    B Augapfel
    C Weinstock

12. Wer betet den Satz: „Schaffe in mir, Gott, ein reines Herz"?
    A David
    B Salomo
    C Mose

13. Welches Lied wurde nach Psalm 24 gedichtet?
    A Es ist ein Ros entsprungen
    B Tochter Zion
    C Macht hoch die Tür

14. Wie heißt der folgende Vers richtig: „Der Herr behüte ..., von nun an bis in Ewigkeit"?
    A deinen Eingang
    B deinen Eingang und Ausgang
    C deinen Ausgang und Eingang

15. Was bedeutet Halleluja auf Deutsch?

A Lobet den Herrn
B Herr, erbarme dich
C Der Herr tut Wunder

Familiengottesdienst: Gottes Wort macht Freude
Nehemia 8,1-12

Ziel
Freude, die anhaltend ist, hat ihre Ursache in der Beziehung zu Gott.

Gedanken zum Bibeltext
In den Kapiteln zuvor wird beschrieben, wie die Israeliten die Stadtmauer von Jerusalem wieder aufgebaut haben. Nachdem dieses Werk vollbracht ist und sie dabei die Hilfe Gottes erlebt haben, wird bei ihnen der Ruf nach dem Wort Gottes laut. Die geistlichen Führer des Volkes, Esra und Nehemia, lesen dem Volk das Gesetz vor und legen es aus. Das hat zur Folge, dass die Menschen vom Wort Gottes ergriffen sind und Umkehr wollen. Sie wissen aber auch, dass sie sich am Wort Gottes freuen können und dass ihnen das Wort Gottes Kraft gibt. Es bleibt bei den Israeliten nicht nur theoretisch bei der Freude über Gottes Wort, sondern sie setzen es auch praktisch um, indem sie das Festessen mit allen teilen und wieder Gottes Gebote befolgen, z.B. das Laubhüttenfest feiern.

Ablauf
Wir stellen die Frage: Freude - was ist das?
Bei der Beantwortung werden wir ganz schnell merken, dass es gar nicht so einfach ist, Freude zu definieren. Denn meistens beschreiben wir Freude mit dem Verb freuen. Das bedeutet, dass man über Freude nicht nur theoretisch Bescheid wissen muss, sondern dass man Freude nur praktisch erleben kann.

Spiel: Freudenwörter
Es werden zwei Gruppen à fünf Personen gebildet. Die Gruppen sollen aus Vertretern unterschiedlicher Generationen zusammengesetzt werden. Es wird der Begriff Freude gesagt und nun muss die erste Gruppe ein Wort sagen, das ihr zum Thema Freude einfällt. Dann ist die nächste Gruppe dran und so geht es immer hin und her. Die Wörter müssen ganz schnell hintereinander gesagt werden. Wem zuerst kein Begriff mehr einfällt, hat verloren. Die Gewinnergruppe erhält einen kleinen Preis und hat somit Grund zur Freude.

Wir stellen die Frage: Über was habt ihr euch in letzter Zeit gefreut?
Bei der Beantwortung der Frage kann auch kurz auf die Wochenendfreizeit eingegangen werden, indem freudige Erlebnisse der letzten Stunden erzählt werden.
Einen Grund zur Freude will ich euch jetzt zeigen. Es ist eine Sache, bei der viele Kinderaugen leuchten und auch Erwachsene noch ihre Freude haben. Wir machen Seifenblasen. Der Moderator macht einige Riesenseifenblasen. Er kann auch einige Kinder mit nach vorn holen, die mit ihm gemeinsam Riesenseifenblasen machen.

Rezept für Riesenseifenblasen
Zutaten:
10 g Tapetenkleister, 4,5 Liter Wasser, 250 g Zucker, 200 g Neutralseife

Zubereitung:
Der Tapetenkleister wird in 0,5 Liter Wasser aufgelöst und über Nacht stehen gelassen. Das restliche Wasser wird mit dem Zucker und der Neutralseife aufgekocht und ebenfalls über Nacht stehen gelassen. Achtung: Zum Kochen braucht man einen großen Topf, da die Seifenlauge stark schäumt! Am nächsten Tag wird die Seifenlauge in den Tapetenkleister geschüttet und gut verrührt.
Aus starkem Draht wird nun eine Drahtschlinge gebogen, die so groß ist, dass sie gut in das Gefäß mit der Lauge passt. Diese Schlinge wird mit Mullbinden umwickelt, damit die Seifenlauge hält und nicht vom Draht abrutscht.
Nachdem die Lauge erneut gut umgerührt ist, wird die Drahtschlinge in die Lauge getaucht und vorsichtig wieder herausgenommen. Nun hat man den Seifenfilm in der Schlinge. Die Schlinge wird vorsichtig durch die Luft gezogen, bis sich die Seifenblase löst.
Bis es richtig klappt, muss man ein paar Mal probieren, es wird sich aber relativ schnell ein Erfolg einstellen.
Achtung: Die Seifenblasen müssen im Freien gemacht werden oder der Fußboden im Raum muss mit Folie abgedeckt sein, damit keine Seifenflecken entstehen!

Was fällt euch an diesen Seifenblasen auf?
Mögliche Antworten: sind sehr schön, gehen schnell kaputt, schillern in allen Farben, sind nicht haltbar.

Wir müssen immer mehr davon machen, damit es weiter schön aussieht. So ist das oft mit unserer Freude, sie ist so schnell vergänglich. Wir dürfen uns an solch kleinen Dingen freuen, wir dürfen uns an Seifenblasen freuen, aber wenn das unsere einzige Freude ist, dann ist das zu wenig, Freude muss tiefer gehen.

Bibeltext
Wir wollen einen Bibeltext anschauen, in dem viele Menschen Freude erlebt haben.
Der Bibelvers Nehemia 8,10 wird vorgelesen.
Menschen haben darin Grund zur Freude. Sie essen zusammen und freuen sich an Gott.

Wie kam es zu dieser Freude?
Zuerst wird die Vorgeschichte kurz erzählt. Nehemia kam nach Jerusalem und stellte fest, dass die Stadtmauer komplett zerstört war. Er entwickelte einen Plan, um die Stadt wieder aufzubauen. Trotz vieler Hindernisse gelang dieses Werk innerhalb von zwei Monaten.
Danach trafen sich die Menschen von Jerusalem. Sie machten sich Gedanken darüber, dass es noch mehr geben müsste als eine sichere Stadtmauer.
Die Freude über die fertig gestellte Stadtmauer war groß, aber die Menschen fanden noch tiefere Gründe zur Freude.

Nun wird der gesamte Bibeltext Nehemia 8,1-12 gelesen.
Worüber freuten sich die Menschen? Aus dem Bibeltext heraus werden fünf Antworten gefunden. Zu jeder Antwort wird ein Symbol gezeigt:

Freude über Wort Gottes
Symbol: Bibel
Das Wort Gottes wird hervorgeholt, weil es die Menschen wollten. Sie hatten große Sehnsucht nach dem Wort Gottes. Das kam aber nicht zufällig, sondern Esra hatte es dem Volk vorgelebt. Esra war ein Mann, der im Wort Gottes forschte und danach lebte (siehe Esra 7,10).

Freude über die Wirkung des Wortes Gottes
Symbol: Taschentuch zum Tränenabtrocknen
Die Menschen weinen. Es sind aber keine Freudentränen, sondern es sind Tränen der Reue. Sie merken, dass ihr Leben vor Gott nicht in Ordnung ist, und wollen ihr Leben ändern.

Freude über Gottes Treue
Symbol: Kreuz
Gott ist ein heiliger Gott. Er ist weit weg von uns. Wir können eigentlich nicht zu ihm kommen, aber er hat Möglichkeiten geschaffen und dazu steht

er. Im Alten Testament schloss er einen Bund mit Noah und auch die Menschen zu Nehemias Zeiten merkten, dass Gott zu ihnen steht und treu ist. Im Neuen Testament wird die Treue durch Jesus Christus klar erkennbar. Er ist am Kreuz gestorben und damit ist der Weg frei zu Gott. Zu diesem Versprechen steht er treu bis heute.

Freude ist ansteckend
Symbol: lachender Smilie

Lachen steckt an, alle haben das schon mal erlebt. Es gibt nichts Ansteckenderes als ein fröhliches Christsein. Im Text haben die Menschen den anderen weitergesagt, was sie gerade erlebt haben, und sie haben das Essen miteinander geteilt. Das sind ganz praktische Schritte. Können wir heute auch noch solche praktischen Schritte tun?

Aufgabe: Jeder nimmt sich etwas vor, womit er in der nächsten Woche einem anderen Menschen eine Freude machen kann.

Freude schafft Gehorsam
Symbol: das Wort JA

Wir können uns bloß über etwas freuen, das wir ehrlich meinen. Es ist schwer, sich über ungerechte Gewinne zu freuen oder über gute Noten, die durch Abschreiben entstanden sind. Im Bibeltext wird der Gehorsam dadurch deutlich, dass sich die Menschen ganz nach Gottes Wort richten. Sie feiern das Laubhüttenfest. Wenn wir Gottes Gebote halten, dann ist es ein Grund zur Freude, auch wenn uns das nicht immer leicht fällt.

Zusammenfassung

Seifenblasen gehen schnell kaputt. Unsere Freude ist manchmal ganz schnell verflogen. Deswegen brauchen wir als Grund zur Freude etwas, das nicht kaputtgeht, sondern fest bleibt.

Wir können uns am Wort Gottes dauerhaft freuen.

Nun bekommt jeder ein kleines Seifenblasenröhrchen und wir können zum Abschluss ganz viele Seifenblasen machen.

COOLE TYPEN – DIE JÜNGER JESU

Der coole Begrüßungsabend

Ziel
Das Thema des Wochenendes wird in verschiedenen Facetten aufgegriffen.

Dekoration
Der Raum wird wie eine kleine Bar eingerichtet. Es ist eine Theke aufgebaut, an der es coole Drinks zu kaufen gibt. Im Raum stehen mehrere kleine Sitzgruppen für die Teilnehmer. Nachdem sich alle einen coolen Drink geholt haben, geht es so richtig los. Ein Moderator begrüßt alle coolen Kids zur coolen Wochenendfreizeit und lädt sie zu coolen Spielen ein.

1. Spiel: Coole Klamotten
Zwei Teilnehmer kommen nach vorn und spielen gegeneinander. Jeder erhält ein T-Shirt, das am Vortag schon vorbereitet werden muss. Es wird nass gemacht, ordentlich zusammengefaltet und eingefroren. Nun erhält jeder Teilnehmer eines dieser gefrorenen T-Shirts und muss es anziehen. Wer schafft es am schnellsten?

2. Spiel: Coole Typen
Dieses Spiel wird in den Sitzgruppen gespielt. Jeder erhält ein Blatt Papier. Darauf malt er die Haare einer Person. Dann wird dass Blatt so nach hinten gefaltet, dass nur noch ein winziges Stück vom gemalten Bild zu sehen ist. So wird das Blatt weitergegeben. Der nächste Teilnehmer malt nun die Augen dazu. Das wird wieder gefaltet, weitergegeben und der nächste malt den Mund. Das geht so weiter bis zu den Füßen. Dann wird es ein letztes Mal weitergegeben und jeder schreibt seinen Namen darunter. Dann wir der Zettel auseinander gefaltet und jeder hat das Bild eines coolen Typen vor sich.

3. Spiel: Coole Mutprobe

Richtig coole Typen machen oft coole Mutproben. Heute machen wir eine davon. Jede Sitzgruppe wählt sich einen Mutigen aus. Nun erhält die Gruppe 100 Wäscheklammern und muss die Klammern am Körper des Freiwilligen befestigen. Wie viele Klammern schafft die Gruppe innerhalb von zwei Minuten zu befestigen?

4. Spiel: Coole Musik

Die Gruppen bekommen die Aufgabe, ein beliebiges Lied zu singen und zu spielen. Dabei sollen sie so viele Instrumente wie möglich benutzen. Das müssen nicht nur richtige Instrumente sein, sondern auch selbst erfundene - wenn zum Beispiel zwei Flaschen aneinander geschlagen werden, ist das schon ein Instrument. Welche Gruppe erfindet und benutzt die meisten Instrumente?

5. Spiel: Coole Sprüche

Sprüche klopfen gehört bei vielen Jungscharlern dazu. Dazu haben sie heute Gelegenheit. Jede Gruppe erhält einen Zettel und muss fünf Satzanfänge darauf schreiben, z.B.
- Alle Lehrer sind ...
- Das Coolste an der Jungschar ist ...
- Grüne Elefanten ....

Diese Satzanfänge werden nun der nächsten Gruppe gegeben und diese Gruppe hat die Aufgabe, die Sätze zu vervollständigen.

6. Spiel: Coole Hobbys

Die vier Ecken des Raumes erhalten Namen, die Oberbegriffe von Freizeitbeschäftigungen sind: Sport, Musik, Tiere und Relaxen.

Nun werden Dinge genannt, die mit speziellen Hobbys zu tun haben, z.B. Ball, Buch, Futternapf, Gitarre. Ist der Begriff genannt worden, müssen sich alle Teilnehmer in die entsprechende Ecke des Raumes begeben. Wer zuletzt dort eintrifft, muss leider ausscheiden. Achtung: Bei machen Begriffen kann es auch mehrere richtige Antworten geben, z.B. Sattel kann bei Sport und bei Tiere richtig sein!

Gewonnen hat der, der zuletzt noch im Spiel ist.

Einstimmung ins Thema

Nach diesen coolen Spielen wird das Thema „Cool sein" noch einmal aufgegriffen.

Auf ein großes Blatt Papier werden die folgenden Fragen geschrieben:

Was ist cool? Wer ist cool?

Die Teilnehmer können nun Antworten nennen und auf das Papier schreiben. An die Antworten schließt sich eine kleine Gesprächsrunde zu diesen Eigenschaften an.

Der Leiter fasst das Gespräch mit folgenden Sätzen zusammen:

„Es kommt nicht in erster Linie darauf an, besonders cool zu sein. Denn dann kann es manchmal so werden, dass man wirklich nur cool im wahrsten Sinne des Wortes wirkt, also kalt. Dann lässt mich alles kalt und ich wirke eiskalt auf alle anderen und habe keine Freunde mehr, auch wenn mich manche noch cool finden. Ich finde es cool, wenn ich wirklich so sein darf, wie ich bin. Das passt zwar nicht allen, aber ich werde hoffentlich merken, dass es so viel wärmer in mir wird und dass ich dann voller Wärme wirklich ein cooler Typ bin. Coole Typen werden wir in den nächsten Stunden kennen lernen. Und von einigen lese ich heute schon etwas vor: Markus 4,35-41 - die Sturmstillung. *(Die Geschichte kann auch erzählt werden.)* Diese coolen Typen kamen sich wirklich cool vor, vielleicht waren sie es auch. Trotzdem hat sie in einer Gefahrensituation ihre gesamte Coolness verlassen. Da brauchten sie Hilfe von jemandem, der hinter ihre Fassade schaute und in ihrer Angst bei ihnen war. Jesus war für diese coolen Typen da und er ist auch noch für unsere coolen Typen heute da."

Der Abend endet mit Gebet und mit dem Lied „Cool, cool, cool" (Solali Nr. 37).

Wanderung und irgendwo Eis essen! Aufgaben

Nachtgeländespiel: Eiswürfeltransport

Die Teilnehmer werden in zwei Mannschaften eingeteilt. Das Spiel findet in einem Waldstück statt, das klar abgegrenzt ist, z.B. durch Waldwege, und genügend Bewegungsfreiheit für die Anzahl der Teilnehmer bietet. Jede Mannschaft muss sich nun ein Lager einrichten. Mittelpunkt des Lagers ist ein Gefäß mit Eiswürfeln. Das Lager darf von der gegnerischen Mannschaft nicht betreten werden. An einer bestimmten Stelle am Rand des Waldstückes befindet sich ein Mitarbeiter, bei dem die coolen Würfel abgegeben werden müssen. Er hat zwei Gefäße, in die jede Mannschaft ihre Eiswürfel tun muss. Auf ein Startzeichen müssen nun die Mannschaften versuchen, die Eiswürfel aus ihrem Lager zum Zielpunkt bei dem Mitarbeiter zu bringen. Die Eiswürfel dürfen der gegnerischen Mannschaft abgenommen werden. Achtung, es darf immer nur ein Eiswürfel pro Mannschaftsmitglied transportiert werden! Der Eiswürfel muss in der Hand gehalten werden. Nach einer bestimmten Zeit (ca. 45 Minuten) wird das Spiel beendet und die Mannschaft, die die meisten Eiswürfel bzw. das meiste Wasser im Zielgefäß hat, hat gewonnen.

Nachtwanderung für coole Typen

Es wird eine Nachtwanderung durchgeführt. Während der Wanderung gibt es eine Extraprüfung für besonders Coole. Solch eine Extraprüfung kann zum Beispiel sein, allein eine Wegstrecke von 500 Metern durch den Wald zu gehen. Das klingt für viele erst einmal sehr einfach, aber im Ernstfall verlässt viele bei diesen Aufgaben dann doch der Mut. Die Mitarbeiter sollten den Kindern dabei deutlich machen, dass die Kinder nicht allein, sondern die Mitarbeiter immer in erreichbarer Nähe sind.

Bibelarbeit 1: Der coole Levi
Markus 2,13-17

Ziel
Jeder darf so zu Jesus kommen, wie er ist, er muss aber nicht so bleiben.

Gedanken zum Bibeltext
Inmitten seiner Wirksamkeit (er lehrte am See, V. 13) beruft sich Jesus Mitarbeiter. Er geht dabei nicht nach einem bestimmten Schema vor, sondern jeder, der von Jesus berufen wird, erfährt diese Berufung auf sehr individuelle Art und Weise. Der Zöllner Levi wird mit dem kurzen Satz „Folge mir nach!" berufen. Erstaunlich ist die sofortige Reaktion des Mannes.
Diese Berufung hat zur Folge, dass Jesus ein Mahl mit vielen Zöllnern abhält. Das stößt in den Augen der Pharisäer auf Unverständnis. Aber gerade in diesem Mahl wird der Auftrag Jesu deutlich: Er ist für die Sünder da.

Verkündigung im Plenum

Einstiegsspiel
Ein Kind wird nach vorn geholt. Es hat die Aufgabe, ein anderes Kind zu überreden, etwas zu tun, z.B. aus dem Fenster zu rufen „Es regnet saure Gurken!". Die Art und Weise, wie dies geschieht, ist egal, es können Versprechungen gemacht, eine Belohnung in Aussicht gestellt werden usw.

Im Anschluss erfolgt die Auswertung:
Wieso hat sich das Kind überreden lassen? Welche Methode hatte Erfolg? Welche nicht?

Anspiel
Ein Erzähler steht nun auf und sammelt von allen Kindern einen Gegenstand ein: „So wie ich das gemacht habe, so hat das auch ein ziemlich cooler Typ gemacht. Von ihm werden wir heute hören."

Ein anderer Mitarbeiter, als Levi verkleidet, kommt herein, setzt sich an einen Tisch und erzählt die Geschichte aus seiner Sicht:
„Hallo, ich bin Levi. Ich sitze hier am Zollhäuschen. Das ist mein Job. Ich muss überwachen, dass die Leute alle Waren, die sie mit in die Stadt hinein- oder hinausnehmen, ordentlich versteuern. Sie müssen für verschiedene Dinge einen Zollbetrag bezahlen.
Manche finden das nicht in Ordnung, aber ich schon. Ich kann damit eine Menge Geld verdienen. Und ich kenne viele Leute. Ich weiß schon vorher, was ich ihnen abverlange, den Reichen manchmal auch etwas mehr. Seht, dort kommt zum Beispiel Baruch, der Getreidehändler. Ich brauche nicht nachzuschauen, was er mithat, ich nenne ihm eine Summe, 35 Schekel vielleicht, und in der Regel bezahlt er sie ohne zu murren. Was bleibt ihm auch anderes übrig?
Aber wer ist das, der dort hinten kommt? Den kenne ich nicht. Er sieht aus wie ein armer Mann. Naja, von dem wird nicht viel zu holen sein. Aber es sind noch mehr Menschen mit dabei. Wie es scheint, auch alles arme Schlucker. Ich kann mir denken, wer es ist, dieser Prediger Jesus mit seinen Anhängern. Naja, ein oder zwei Schekel für die ganze Gruppe könnten doch noch rausspringen.
Aber wieso kommt er direkt auf mich zu? Was will er von mir? Er schaut mich an und sagt: ‚Folge mir nach!' Was - ich? Jesus braucht mich? Er will mich und nimmt mich an, wie ich bin? Also, da gibt es nur eins, aufstehen und mitgehen! Toll, jetzt gehöre ich auch zu den Jesus-Leuten. Ich bin so froh darüber! Ich lade Jesus heute zum Essen ein."
Kurze Pause

Der Tisch wird gedeckt und Levi setzt sich.
„Wunderbar, solch ein Essen mit Jesus. Es sind auch gleich noch einige Zöllnerkollegen von mir gekommen. Nicht nur das Essen war gut, auch die Gespräche mit Jesus. Aber allen hat das nicht gefallen. Die Pharisäer, die Gelehrten aus dem Tempel, haben Jesus schief angeschaut, weil er mit uns gegessen hat. Er hat sich davon aber nicht einschüchtern lassen, sondern mit

einem Satz die Situation auf den Punkt gebracht: ‚Die Starken brauchen keinen Arzt, sondern die Kranken. Ich bin gekommen, die Sünder zu rufen und nicht die Gerechten.'"

Vertiefung in Kleingruppen
Die Kleingruppe wird im Rahmen einer kleinen Feier gestaltet. Es gibt was zu essen und zu trinken.

Warum hat Levi gefeiert?
Die Geschichte wird nun wiederholt, indem sich die Kinder in die Situation der beteiligten Menschen hineinversetzen sollen. Dazu werden folgende Fragen gestellt:

- Was wusste Levi von Jesus?
- Was wusste Jesus von Levi?
- Wie schafft es Jesus, dass Levi mitgeht?
- Was können die Gründe sein, dass Levi einfach mitgeht?
- Was wäre für dich ein Grund mit Jesus zu gehen?

Jesus sagt zu allen, dass wir zu ihm kommen dürfen, er sagt es aber besonders zu den Menschen, die Hilfe brauchen. So, wie kranke Menschen einen Arzt brauchen und Gesunde manchmal auch ziemlich gut ohne Arzt leben können, so ist es auch bei Jesus. Er ist wie ein Arzt. Er will Kranke gesund machen und Verletzungen heilen.
Egal, ob es mir gerade gut geht oder schlecht: Jesus sagt auch heute zu mir: „Folge mir!" Wenn ich dazu Ja sage, dann kann ich mit Jesus feiern und ich weiß auch, dass er immer für mich da ist.
Kranke wissen, dass sie Hilfe brauchen, und wenn sie gesund werden wollen, dann müssen sie sich helfen lassen.
Der Zöllner hat gemerkt, dass er zu den Kranken gehört, und hat sich heilen lassen. Er hat sich verändern lassen.
Als Zeichen der Veränderung werden die Gegenstände zurückgegeben, die am Anfang der Plenumsveranstaltung abgegeben werden mussten.

Bibelarbeit 2: Der coole Petrus
Lukas 5,1-11

Ziel
In schwierigen Situationen kann Jesus mir helfen. Er will immer mein Freund sein.

Gedanken zum Bibeltext

Diese Geschichte ist ziemlich bekannt. Drei Situationen sind zum Verstehen der Geschichte besonders wichtig:

1. Es ist eine Geschichte, in der die **Initiative** von Jesus ausgeht. Er geht zu Petrus und seinen Kollegen hin und fordert sie heraus, die ungewöhnliche Aufgabe zu erledigen. Er spricht auch die Einladung an Petrus aus, Menschenfischer zu werden.

2. Es ist eine Geschichte des **Gehorsams**. Nur weil Petrus gehorsam war, konnte er am Ende Jesu Freund werden. Wenn er auf seinen eigenen Verstand und seine Berufserfahrung vertraut hätte, dann wäre er vermutlich nicht am Tag auf das Meer gefahren.

3. Es ist eine Geschichte der **Umkehr**. Petrus erkennt: Ich bin ein sündiger Mensch. Diese Erkenntnis beinhaltet die große Chance zum Neuanfang.

Verkündigung im Plenum

Einstiegsspiel

Es wird Beruferaten gespielt. Immer ein Kind kommt nach vorn. Ihm wird ein kleiner Zettel gezeigt, auf dem ein Beruf steht. Diesen Beruf muss es nun pantomimisch darstellen. Das Kind, das den Begriff erraten hat, darf den nächsten Beruf vorspielen. Mögliche Berufe können sein: Zeitungsverkäufer, DJ, Sänger, Busfahrer, Tischler usw. Der letzte Beruf, der erraten werden muss, ist Fischer.

Überleitung

Einen Fischer haben wir heute als Gast eingeladen.

Ein Mitarbeiter kommt als Fischer verkleidet auf die Bühne. Er berichtet über das Fischen am See Genezareth: Die meisten Fischer hatten runde Netze, an denen am Rand Steine befestigt waren. Diese wurden im See ausgelegt und wenn genügend Fische darin bzw. darüber waren, wurde das Netz zusammengezogen und nach oben geholt. Manche Fischer konnten sich sogar ein Boot kaufen. Die meisten mussten sehr lange dafür sparen. Mit dem Boot konnten sie aber viel mehr Fische fangen. Sie fuhren weiter auf den See hinaus und auch größere Schleppnetze konnten sie auswerfen. Meistens wurde in der Dunkelheit des Morgens gefischt, da zu dieser Zeit die Fische an der Wasseroberfläche schwammen.

Der Moderator übernimmt wieder und sagt: „Ich will heute mit euch eine Geschichte erleben, in der einer der Fischer in eine ziemlich schwierige Situation kam."

Der Bibeltext wird langsam vorgelesen und immer, wenn eine neue Person auftritt, wird ein Kind nach vorn geholt, das diese Person spielen soll.

Gemeinsam wird kurz überlegt, was ihre Aufgabe in der Geschichte ist und was sie darstellen soll. Wenn man die Geschichte einmal so durchgearbeitet hat, sagt man den Kindern, dass das die Generalprobe für die Aufführung war. Und nun kommt die Aufführung.

Die Geschichte wird erneut gelesen und die Kinder spielen noch einmal am Stück vor, was sie gerade erarbeitet haben.

Vertiefung in Kleingruppen

Diese Phase beginnt mit einem Gespräch zu folgenden Fragen:

- Wo habt ihr schwirige Situationen erlebt?
- Was habt ihr in diesen Situationen getan?
- Traut ihr es Jesus zu, dass er euch helfen kann?
- Habt ihr das schon erlebt?

Diese Situationen werden auf Karteikarten geschrieben oder gemalt. Nun wird konkret für diese Situationen überlegt, was helfen kann.

Eventuell können auch schon Karteikarten mit Situationen und Lösungsangeboten vorbereitet werden.

Beispiele für Situationen: Mein bester Freund hat mich angelogen; Ich habe in der Schule eine schlechte Note geschrieben; Mein Hamster ist gestorben; Meine beste Freundin ist in eine andere Stadt gezogen.

Beispiele für Lösungsangebote: mit der Mutter darüber reden; beten; sich in sein Zimmer einschließen

Hier geht es nicht um richtige oder falsche Antworten, sondern darum, über diese Situationen zu reden und das Ereignis der biblischen Geschichte von vor 2000 Jahren in unsere heutige Zeit und in das Leben der Kinder zu übersetzen.

In einem zweiten Schritt wird erarbeitet, was der Begriff Menschenfischer bedeutet. Auf ein großes Blatt Papier werden oben die beiden Begriffe „Fischer" und „Menschenfischer" geschrieben. Darunter werden Eigenschaften eines Fischers bzw. eines Menschenfischers geschrieben.

Fischer: ist bei den Fischen, braucht Netz und Boot, Fische gehören dem Fischer

Menschenfischer: geht zu den Menschen, braucht die Kraft Gottes, Menschen werden für Jesus gewonnen

Es gibt aber auch Gemeinsamkeiten: beide müssen warten, der Fang kann nicht erzwungen werden.

Netz knüpfen

Zum Abschluss wird ein Netz geknüpft. Es werden noch Fische ausgeschnitten, die in das Netz hineinkommen.

Übertragung: Jesus füllt das leere Netz, er hilft in schwierigen Situationen.

Nachmittagsprogramm: Olympische Winterspiele

Die Olympischen Winterspiele können natürlich auch im Sommer durchgeführt werden, denn das Coole ist, dass wir eine Aktion gerade da durchführen, wo man sie überhaupt nicht vermutet.

Mannschaftsvorstellung

Die Teilnehmer werden in Mannschaften eingeteilt. Die erste Aufgabe für jede Mannschaft besteht darin, dass sie einen Ländernamen finden muss. Das kann ein Land sein, das wirklich existiert, auch wenn es wahrscheinlich nicht an Olympischen Winterspielen teilnehmen wird (z.B. Sri Lanka), oder es kann ein fiktives Land sein, z.B. das Schlaraffenland.

Wenn jede Mannschaft ihr Land weiß, kommt die nächste Aufgabe: Das Land braucht eine Flagge und eine Hymne. Jede Mannschaft erhält ein Stück Stoff. Außerdem steht noch weiteres Material für alle zur Verfügung, z.B. Stoffmalfarben, Stoffreste, Nadel und Faden. Aus diesen Materialien muss nun jede Mannschaft ihre Flagge herstellen. Außerdem muss sie noch eine Hymne singen. Dazu wird auf die Melodie eines beliebigen Liedes ein neuer Text gedichtet, der natürlich zum Land passen sollte.

Eröffnungsfeier

Jede Mannschaft stellt sich mit ihrem Namen, ihrer Flagge und ihrer Hymne vor. Es können nun noch weitere Elemente einer Eröffnungsfeier eingebaut werden, z.B. das Entzünden des Olympischen Feuers, Eid der Aktiven und der Kampfrichter usw.

Nun beginnen die Wettkämpfe. Die coolsten Olympischen Winterspiele aller Zeiten finden in sechs Disziplinen statt. Dazu werden sechs Stationen aufgebaut, die jeweils von einem Mitarbeiter betreut werden. Jeder Mannschaft wird eine Anfangsstation zugeteilt. Auf ein Signal hin werden die Stationen gewechselt.

Skilanglauf

Dazu braucht man als Sportgeräte Sommerski. Sie kann man sehr leicht herstellen, indem man an lange, schmale Bretter, ca. 2 m x 15 cm, in regelmäßigen Abständen Schlaufen aus festem Stoff befestigt. Auf einem 2 m langen Ski können vier Schlaufen befestigt werden, sodass vier Teilnehmer auf den Skiern stehen können. Die Teilnehmer müssen nun mit den Skiern an den Füßen einen Hindernisparcours durchlaufen. Dabei wird die Zeit gestoppt.

Eisangeln

Zur Vorbereitung werden in Eiswürfel Nägel eingefroren. In jedes Feld einer Eiswürfelform wird einfach ein Nagel gelegt, der ca. 0,5 cm aus dem Eiswürfel herausschaut. Diese Eiswürfel kommen mit anderen Gegenständen (metallische und nichtmetallische) in ein großes Gefäß, z.B. einen Kinderbadepool. Jede Mannschaft erhält nun eine Angel. Das ist ein Stock mit Faden, an den am Ende ein Magnet angebunden wird. Nun muss man innerhalb von zwei Minuten so viele Eiswürfel wie möglich angeln.

Übrigens: Wenn es warm ist, muss man regelmäßig für Eiswürfelnachschub sorgen!

Biathlon

Biathlon besteht aus den Disziplinen Laufen und Werfen. Das soll auch bei unseren Olympischen Winterspielen so sein. Die Mannschaft nimmt hinter einer Startlinie Aufstellung. Neben der Startlinie steht ein Behälter mit Wasser. Außerdem werden noch genügend Luftballons benötigt. Der Startspieler nimmt seinen Luftballon, taucht ihn ins Wasser und läuft mit dem mit Wasser gefüllten Luftballon zu einer Ziellinie, von der aus er den Ballon in ein Gefäß werfen muss, das 3 bis 4 Meter von der Linie entfernt steht. Dann läuft er zurück und der nächste Starter ist an der Reihe. Jede Mannschaft hat vier Minuten Zeit und gewonnen hat die Mannschaft, die die meiste Wassermenge im Zielgefäß gesammelt hat.

Eisklettern

Auf einen kleinen Abhang wird eine Plastikplane gelegt. Diese Plane wird angefeuchtet und mit Seife oder Spülmittel eingeschmiert, sodass sie sehr rutschig wird. Nun muss die gesamte Mannschaft so schnell wie möglich über die Plane nach oben gehen. Die Zeit wird gestoppt.

Eiskunstlauf

Jede Mannschaft stellt sich paarweise auf. Der Spielleiter hat mehrere Karten verdeckt vor sich liegen. Auf den Karten stehen die Namen von Körperteilen, z.B. linke Hand, rechte Hand, linkes Knie, Nase, Po usw. Nun nimmt er zwei Kärtchen auf und liest sie laut vor. Die Eiskunstläufer können nun kunstvolle Pirouetten drehen, denn ihre Aufgabe ist es, diese Körperteile so schnell wie möglich zueinander zu bringen. Wenn der Spielleiter also sagt

„Linke Hand, rechtes Ohr" muss der eine Mitspieler des Paares seine linke Hand an des rechte Ohr des Mitspielers legen und umgekehrt genauso. Wenn alle Paare die richtige Eiskunstlaufhaltung eingenommen haben, wird das nächste Körperteilpaar gezogen. Die Spielzeit wird auf vier Minuten festgelegt und gewonnen hat die Mannschaft, die innerhalb dieser Zeit die meisten Körperteile fehlerfrei zueinander gebracht hat.

Schneeballschlacht

Achtung: Hier werden immer zwei Mannschaften benötigt, deshalb wird dieses Spiel als letzte Station gespielt.

Die Mannschaften stehen sich an einer Linie gegenüber. Für jede Mannschaft braucht man einige Bogen altes Zeitungspapier. Zuerst müssen sich die Mannschaften aus diesem Papier Bälle knüllen. Auf ein Startzeichen hin werfen die Spieler ihre Bälle auf die andere Seite. Das geht solange, bis der Schlusspfiff ertönt. Nun wird gezählt, wie viele Schneebälle jede Mannschaft hat. Die Mannschaft, die die meisten Bälle wegwerfen konnte - also weniger auf ihrer Seite liegen hat - hat gewonnen.

Hier spielt am besten jede Mannschaf gegen jede andere.

Abendprogramm: Der coole Kreativabend

Es werden verschiedene Bastelstationen aufgebaut. Die Teilnehmer können frei wählen, welche Angebote sie am coolsten finden, und die angebotenen Dinge ausprobieren. Wenn eine Station einem Teilnehmer besonders gefällt, kann er den ganzen Abend an dieser Station verbringen. Er kann aber auch an dem Abend mehrere Stationen ausprobieren.

Folgende Stationen können im Angebot sein:

Modellieren mit Pappmaschee

Man benötigt Maschendraht, Zeitungen und Kleister. Der Kleister muss rechtzeitig vor dem Abend angesetzt werden. Aus dem Maschendraht werden nun Figuren gebogen, z.B. Tiere. Der Maschendraht ist dabei das Grundgerüst. Auf dieses Grundgerüst werden Zeitungsstreifen geklebt, die zuvor in den Kleister eingetaucht werden. So werden mehrere Lagen Zeitungspapier übereinander geklebt. Später, wenn der Kleister getrocknet ist (frühestens am nächsten Tag), können die Figuren noch angemalt werden.

Graffiti

Graffiti ist etwas, das viele Kinder begeistert. Als Grundlage für das Bild dient eine Hartfaserplatte, die mit weißer Farbe grundiert wird. Das ist notwenig, damit die gesprayte Farbe nicht in das Holz einzieht und verläuft. Nun können die Kinder mit Farbsprayflaschen ein Bild gestalten.

Freizeitzeitung

Notwendig für diese Station sind ein PC, eine digitale Kamera und einige schreibbegeisterte Teilnehmer. Die Teilnehmer sitzen zusammen und gestalten eine Freizeitzeitung. Dinge, die in der Zeitung enthalten sein sollten, sind: Berichte von Aktivitäten der Freizeit, Teilnehmerliste, Witze, witzige Begebenheiten der Freizeit, Grüße, Bilder von den Aktionen der Freizeit usw. Die Zeitung kann ausgedruckt und kopiert werden und jeder erhält zum Abschluss ein Exemplar der Freizeitzeitung.

Fensterbilder basteln

Dazu braucht man Tonpapier in unterschiedlichen Farben und Vorlagen. Vorlagenhefte gibt es zu sehr unterschiedlichen Themen in Zeitungs- oder Bastelläden. Die Vorlagen werden auf das Papier übertragen, ausgeschnitten und zum Fensterbild zusammengeklebt. Man sollte bei der Auswahl der Vorlagen darauf achten, dass man Bilder mit unterschiedlichen Schwierigkeitsgraden herstellen kann.

Arbeiten mit Ytong

Große Ytongsteine kann man in jedem Baumarkt kaufen. Ytong ist ein Material, das man ziemlich leicht mit Sägen, Feilen und Meißeln bearbeiten kann. So kann man aus einem eckigen Ytongstein eine wunderschöne Skulptur herstellen.

Weitere Möglichkeiten

Es gibt natürlich noch viel mehr Stationen, die man an diesen Abend aufbauen kann. Hier sollte man auch auf die Begabungen der jeweiligen Mitarbeiter achten. Viele Mitarbeiter haben coole Hobbys, die sie gemeinsam mit den Teilnehmern ausüben können, z.B. Laubsägearbeiten, Schneidern, Origami, Körbe flechten usw.

Familiengottesdienst: Der coole Petrus geht seinen Weg
Johannes 6,66-69

Ziel
Wir entdecken Gottes Spuren im Leben des Petrus und auch in unserem eigenen Leben.

Gedanken zum Bibeltext
Nachdem Jesus 5000 Menschen satt gemacht hat, hält er die Brotrede. Darin sagt er, dass er selbst das Brot des Lebens ist. Viele Menschen verlassen daraufhin Jesus, auch viele von seinen engeren Nachfolgern. Es kommt daraufhin zu einem Gespräch mit den Jüngern. Jesus fragt sie, ob sie auch weggehen wollen. Das klingt verzweifelt, ist aber auch ein Zeichen der Freiheit, die Jesus seinen Jüngern gibt. Er bindet sie nicht an sich, sondern lässt es ihnen frei zu gehen. Wie an anderen Stellen ergreift Petrus als erster das Wort. Er drückt seine Beziehung zu Jesus in drei Gedanken aus:

- Wohin sollen wir gehen? – Nur bei Jesus habe ich das wirkliche Zuhause.
- Jesus hat Worte des ewigen Lebens. – Die Beziehung zu Jesus reicht über den Tod hinaus.
- Abschließend folgt das persönliche Bekenntnis: Du bist der Heilige Gottes.

Ablauf
Ein alter Schuh wird nach vorn gebracht und dabei wird erzählt, was er alles erlebt hat. Er wurde gekauft, ist viel gelaufen, war oft im Nassen, deshalb fing er an, sich an manchen Stellen aufzulösen, dann ist er kaputtgegangen und nun hat er ein großes Loch. Er ist nicht mehr der Schönste, aber es gibt ihn noch.

Nun werden einige Leute nach vorn gebeten. Sie sollen erzählen:
Was haben eure Schuhe schon alles erlebt?
Bei diesen Erzählungen sollen Kinder und Erwachsene mit einbezogen werden.

Schuhspiel
Jetzt spielen wir gemeinsam ein Schuhspiel, damit die Schuhe später einmal erzählen können, was sie alles im Familiengottesdienst erlebt haben.
Vier Personen müssen nach vorn kommen und ihre Schuhe ausziehen. Eine fünfte Person wird gebeten, die Schuhe zu mischen, sie durcheinander zu bringen und als unterschiedliche Paare wieder aufzustellen. Nun müssen die vier Mitspieler ihre Schuhe wieder anziehen, aber so, dass die Schuhe in der

Reihenfolge stehen bleiben. Es kann also sein, einer hat den einen Schuh ganz links und den anderen ganz rechts. Da wird es sehr schwierig, sich hinzustellen, ohne umzufallen. Gelingt es trotzdem?

Nun wenden wir uns wieder dem alten Schuh zu und wollen herausfinden, wem der Schuh gehört.
Dazu stecken im Schuh vier Zettel, die uns Hinweise auf seinen Besitzer geben:
- Auf einem Zettel stehen die Buchstaben SP für Simon Petrus.
- Auf dem zweiten Zettel steht Jesus. Der Schuhbesitzer war also ein Freund von Jesus.
- Auf dem dritten Zettel sind viele Fische gezeichnet. Das ist der Hinweis auf die Geschichte vom Fischzug des Petrus.
- Auf dem vierten Zettel ist ein Fragezeichen.

Die Hinweise auf den ersten drei Zetteln können viele ziemlich schnell deuten und werden herausbekommen, dass es sich um Petrus handelt. Das Fragezeichen steht für eine Frage, die Petrus einmal gestellt bekommen und die er mit einer Frage beantwortet hat.

Nun wird der Rahmen der Geschichte kurz erzählt:
Viele Menschen kamen zu Jesus auf einen Berg. Eigentlich wollte er seine Ruhe haben, aber die Menschen kamen trotzdem. Während dieser Veranstaltung machte Jesus alle satt, indem er zwei Fische und fünf Brote für 5000 Menschen aufteilte. Am nächsten Tag kamen wieder viele Leute. Jesus hielt eine Rede, die viele nicht positiv aufnahmen, weil er sagte: Ihr kommt bloß, weil ihr satt werden wollt. Darum geht es aber nicht. Ich will nicht euer Brotkönig sein, sondern der König eures Lebens. Viele Menschen gingen daraufhin weg. Was er gesagt hatte, passte ihnen nicht in den Kram.
Danach stellte Jesus auch seine Jünger vor die Entscheidung: Wollt ihr auch weggehen?

An dieser Stelle wird der Bibeltext gelesen: Johannes 6,66-69.

Andacht
Wohin soll ich gehen?
Da fällt mir wieder der alte Schuh vom Petrus ein, er will uns noch mehr sagen. Der Schuh erinnert mich an vieles, das Jesus über Gott und sich selbst gesagt hat.

Was sind Eigenschaften eines Schuhs?
Gedanken:

- Er ist immer dabei.
- Er geht alle Wege mit, nicht nur die schönen, sondern auch die dreckigen Wege.
- Er schützt mich.
- Er lässt sich manchmal unwert behandeln, wenn ich ihn in die Ecke schmeiße, nicht putze.
- Er gibt mir Halt, Geborgenheit und Wärme.
- Er ist mir ganz nah, hautnah.
- Er nimmt mich, wie ich bin.

Aber da ist ja dieser kaputte Schuh, der, bei dem die Sohle abgeht. Was könnte das bedeuten? Manchmal habe ich auch Löcher, ich bin kaputt, ich habe viele Macken, mehr als mein Schuh. Ich muss mich nicht wegwerfen und Gott wirft mich auch nicht weg. Er nimmt mich wie ich bin, denn es stimmt, was Petrus gesagt hat.

Der Schuh hinterlässt Spuren, vielleicht sogar mit Loch ganz besondere Spuren (daran erkennen Detektive und Indianer einen Fußabdruck). Es gibt Spuren im Leben des Petrus und Spuren in meinem Leben.

Wir haben viel erzählt, was unsere Schuhe erzählen würden. Die Frage ist, wo wir Spuren hinterlassen und wo Gott bei uns Spuren hinterlässt.

Wir haben Petrus und seine Spuren angeschaut. Wir sind ihm auf die Spur gekommen, es war die heiße Spur eines coolen Typen.

Petrus lief in den Spuren von Jesus und deswegen konnte er sagen: „Wir glauben, du bist der Heilige Gottes."

Wenn wir diesen Satz auch sagen können, dann sind auch wir auf der richtigen Spur.

DETEKTIVE

Begrüßungsabend: Detektivausbildung

Ziel
Die Teilnehmer bekommen eine Einführung in das Thema Detektive.

Ablauf
Nachdem es eine Begrüßung gegeben hat, wird der Ablauf des Abends vorgestellt. Dazu sind an verschiedenen Stellen des Hauses oder des Geländes Bastelstationen aufgebaut, bei denen die Teilnehmer etwas Grundlegendes über die Detektivarbeit erfahren.

Sinn des Abends ist nicht, möglichst alle Stationen zu durchlaufen, sondern dass die Teilnehmer sich die Stationen heraussuchen, die ihnen am meisten Spaß machen.

1. Fingerabdrücke
Um Fingerabdrücke zu nehmen, braucht man Graphitpulver, einen weichen Pinsel und breites Klebeband. Graphitpulver kann man leicht selbst herstellen, indem man eine Bleistiftmine mit Schmirgelpapier zu Staub zerreibt. Zum Üben macht man zunächst einen deutlichen Fingerabdruck, am besten auf einem Glas. Nun nimmt man den Pinsel, taucht ihn in das Pulver und streicht leicht über die Stelle mit dem Fingerabdruck. Das Pulver bleibt daran hängen und der Abdruck wird deutlicher sichtbar. Nun nimmt man ein breites Stück Klebband und presst es auf den Abdruck. Das Klebeband wird danach vorsichtig abgezogen und auf weißes Papier geklebt. Nun ist der Abdruck deutlich sichtbar.

Um einen sauberen Fingerabdruck zu bekommen, erfordert es einige Übung. Wenn es aber gut gelungen ist, kann man auch auf verschiedenen Gegenständen, z.B. Türklinken, nach Fingerabdrücken suchen. In einem weiteren Schritt kann man auch die Fingerabdrücke vergleichen, um herauszufinden, wer den Abdruck verursacht hat.

2. Dienstmarke erstellen
Dazu braucht man Alufolie, Pappe, Schere, Klebstoff, Band und deutsche

2-Euro-Stücke. Die Alufolie wird auf die Rückseite eines 2-Euro-Stückes gelegt und der Adler, der auf der Münze ist, wird durchgerubbelt. Dieser Abdruck wird ausgeschnitten und auf ein ovales Stück Pappe geklebt. Dazu kann man nun noch den Name des Detektivs schreiben. An einem Ende der Pappe wird ein Band befestigt, sodass die Teilnehmer ihre Dienstmarke am Gürtel tragen können.

3. Gipsabdrücke

Gipsabdrücke werden hergestellt, um ein markantes Sohlenprofil zu erstellen. Zuerst wird aus der Spur am Boden ein Negativabdruck erstellt. Der Fußabdruck sollte auf dem Boden klar abgedrückt sein. Nun nimmt man den Deckel eines Schuhkartons und schneidet mit einem Messer den Deckel so raus, dass nur noch der Rand übrig bleibt. Dieser Papprand wird so hingelegt, dass der Abdruck in der Mitte ist. Nun wird der Abdruck mit Gips ausgegossen. Nach ca. 15 Minuten ist der Abdruck fest und kann abgenommen werden.

Von diesem Negativabdruck kann nun noch der Positivabdruck gemacht werden, also der Abdruck, der die Spur oder den Abdruck selbst wiedergibt. Dazu wird der Negativabdruck in einen Schuhkarton gelegt. Der Abdruck sollte genau passen. Wenn er zu groß ist, kann man den Gips am Rand vorsichtig etwas abfeilen. Nun werden der Abdruck und die Wände des Kartons mit Vase-line eingefettet und darauf eine zweite Schicht Gips gegossen. Auch diese Gipsschicht muss mindestens 15 Minuten härten. Danach wird der Karton abgemacht und die beiden Abdrücke, der Positiv- und der Negativabdruck, werden vorsichtig mit einem Messer voneinander gelöst.

4. Detektivspiegel bauen

Mit diesem besonderen Spiegel kann man unauffällig andere Menschen beobachten. Dazu braucht man für jeden Teilnehmer ein altes Taschenbuch und einen Handspiegel. Das Buch wird nach einigen Seiten aufgeschlagen und der Spiegel auf eine Buchseite gelegt. Danach werden mit einem Messer die Konturen des Spiegels über mehrere Seiten ausgeschnitten und dann der Spiegel in das entstandene Loch geklebt. Nun kann man unauffällig „lesen" und gleichzeitig die Menschen hinter sich beobachten.

5. Unterwasserlupe bauen

Von einer Blechdose werden der Deckel und der Boden entfernt. Die scharfen Ränder werden mit Isolierband abgeklebt, damit man sich nicht verletzt. Nun wird ein Stück feste, durchsichtige Plastikfolie straff über die eine Dosenöffnung gespannt und mit Klebeband faltenfrei befestigt.

Wenn man die Dose senkrecht ins Wasser hält, wölbt sich die Folie durch den

Wasserdruck leicht nach innen und wir sehen dadurch alle Dinge unter Wasser vergrößert.

6. Geheimschriften entziffern

Es gibt jede Menge Geheimschriften. Den Teilnehmern werden Texte vorgelegt, die mit verschiedenen Codes verschlüsselt wurden. Hier nur drei Beispiele:

Verschlüsselung mit Codewort
Es wird eine beliebige Reihe von Buchstaben aufgeschrieben. In diese Reihe ist ein Codewort eingearbeitet. Vor jedem Buchstaben, der zum Codewort gehört, steht ein Buchstabe, der zum Lösungssatz gehört. Ist das Codewort zu Ende, beginnt man einfach wieder neu.
Beispiel: Das Codewort ist Kind und das Lösungswort heißt Wochenende.
rpopwkoimbwscnöikfrhdgasekmutznibgrenkiundlifxdkbfqueiöhdr
rpop<u>wk</u>o<u></u>imbws<u>c</u>nöikfr<u>h</u>dgas<u>e</u>kmutz<u>n</u>ibgr<u>e</u>nkiu<u>nd</u>lifx<u>d</u>kbfqu<u>ei</u>öhdr

Verschlüsselung mit Zahlencode
Wenn der Zahlencode 7 beträgt, bedeutet das, dass sich alle Buchstaben im Alphabet um 7 Stellen verschieben. Das A wird also zum G usw.:
A – G
B = H
C = I
D = J
…
Das Wort Wochenende sieht im 7er-Code so aus: Cuinktktjk.

Zeitungscode
Man braucht dazu eine Zeitung und eine dünne Stecknadel. Mit Hilfe der Nadel werden auf einer bestimmten Seite einer Zeitung Buchstaben markiert, indem unter dem Buchstaben ein kleiner Einstich gemacht wird. Dieser Einstich muss vorsichtig gemacht werden, damit die Löcher nicht sofort zu sehen sind. Auf welcher Seite der Zeitung die Löcher sind, wird schon auf der ersten Seite markiert, indem man rechts unten die Anzahl der Löcher sticht, die der Zeitungsseite entsprechen. Man kann den Code auch noch erschweren, indem man festlegt, dass nur jeder zweite oder dritte Buchstabe zum Lösungswort gehört. Das wird ebenfalls auf der ersten Seite markiert, indem man links oben zwei bzw. drei kleine Einstiche macht. Dieser Code lässt sich einfacher lesen, wenn man die Zeitung gegen das Licht hält.

Nachtaktion 1: Buchstabensuche

Es wird eine Nachtwanderung durchgeführt. Es ist sinnvoll, wenn auf dem Weg lange Waldschneisen zu durchlaufen sind. An einigen Bäumen sind Markierungen angebracht, die im Dunkeln leuchten, z.B. mit Knicklichtern. Die Teilnehmer müssen nun diese Zeichen erkennen und zu Buchstaben verbinden. Damit die Buchstaben eindeutig zu erkennen sind, werden die Buchstaben immer abwechselnd mit unterschiedlich farbigen Knicklichtern gestaltet.

Wer kann das Wort lesen, das mit den Knicklichtern geschrieben wurde?

Nachtaktion 2: Jagd auf Mister X

Ein Mitarbeiter ist Mister X. Er stellt sich den Teilnehmern vor und verschwindet dann im Wald. Er erhält zehn Minuten Vorsprung und die Teilnehmer dürfen ihm nun nachjagen. Im Abstand von fünf Minuten muss er sich zu erkennen geben. Das Erkennungszeichen kann optisch sein, zum Beispiel dass er mit einer starken Taschenlampe in den Nachthimmel leuchtet, oder auch akustisch, indem er zum Beispiel in eine Tute bläst oder einen Silvesterknaller zündet. Wer Mister X zuerst findet, hat gewonnen und erhält einen Preis, z.B. das passende Brettspiel zum Nachtspiel.

Bibelarbeit 1: Hilfe für Geheimagenten
Josua 2

Ziel

Gott hat einen Rettungsplan für unser Leben.

Gedanken zum Bibeltext

Josua ist der Führer des Volkes Israel. Er hat die Nachfolge Moses angetreten und seine erste große Aufgabe besteht darin, das Volk über den Jordan zu führen und die große Stadt Jericho einzunehmen. Josua schickt Kundschafter aus, die das verheißene Land erkunden sollen. Diese Männer geraten in eine gefährliche Situation, denn sie werden in der Stadt entdeckt. Eine Hure bietet ihnen Unterschlupf. Sie lassen sich darauf ein, obwohl der Umgang mit einer Hure für die Israeliten nicht erlaubt war. Sie machen mit der Frau einen Handel: Dafür, dass sie die Männer nicht verrät, wird sie bei der Einnahme der Stadt verschont bleiben. Das tritt dann auch genauso ein (siehe Josua 6,25). Interessant ist, dass diese heidnische Prostituierte sehr viel von Gott weiß und von seiner Macht überzeugt ist. Es bleibt unklar, woher sie dieses Wissen und das Vertrauen auf Gott hatte.

Verkündigung im Plenum

Ein Detektiv, Konrad Knobel, tritt auf. Er hat einen Mantel an, Mütze auf, Fotoapparat umhängen und eine Lupe in der Hand. Er erzählt den Kindern von seiner Arbeit und von seinen Fällen. Auch heute hat er wieder einen komplizierten Fall zu lösen. Er bittet die Kinder um Mithilfe.

Einstiegsspiel

Im Raum sind die Buchstaben der Wörter HILFE und JOSUA versteckt. Die Kinder bekommen nun die Aufgabe, diese Buchstaben zu suchen. Wenn sie die Buchstaben gefunden und zu den beiden Wörtern zusammengesetzt haben, überlegen alle gemeinsam, was diese Worte bedeuten können.
Nach einigen Überlegungen klärt Konrad Knobel die Kinder auf und erzählt ihnen, dass Josua Hilfe braucht.

Geschichte errätseln

Die Vorgeschichte wird kurz erzählt: Josua ist der Führer des Volkes Israel. Er ist Nachfolger von Mose und er hat große Aufgaben zu erledigen. Er muss das Volk führen, es über den Jordan bringen und das Land auf der anderen Seite des Jordans erobern, das Gott ihnen verheißen hat.
Wie kann er das tun? Er schickt Spione, Geheimagenten, in die größte Stadt des Landes, Jericho, und die Aufgabe von Konrad Knobel ist es, dem Auftrag der Männer in der Stadt nachzuspüren.

Er macht sich auf die Suche und findet einige Gegenstände, die zur Geschichte passen: einen roten Faden, Flachsstängel (wird man schwer finden, es gehen aber auch hohe Grashalme, Schilf oder Ähnliches), Seil, Kleidungsstück.

Konrad Knobel rätselt mit den Kindern über die Gegenstände, nimmt das Kleidungsstück und fragt, wem das gehört. Da meldet sich einer der Mitarbeiter. Er wird nach vorn geholt und befragt. Dieser Mitarbeiter spielt einen der Kundschafter und erzählt die Geschichte, die vom Kommissar an manchen Stellen mit Zwischenfragen zur besseren Verständlichkeit unterbrochen wird.

Der Mitarbeiter zieht zuerst das Kleidungsstück an und erzählt, wie sie in Jericho unterwegs waren:

„Wir entdeckten ein Haus, in dem wir uns gut verstecken konnten, denn es war an der Stadtmauer gelegen. Außerdem wohnte und arbeitete eine Prostituierte in diesem Haus, da fiel es wenig auf, wenn fremde Männer da waren. Irgendwie hatte es sich aber herumgesprochen, dass Spione in der Stadt waren. Der Ruf erklang: ‚Spione sind hier!' Die Stadtpolizei fing an zu suchen. Rahab, die Prostituierte, versteckte uns unter Flachsstängeln auf dem Boden, die dort zum Trocknen lagen. *(Das wird von dem Mann auch so gespielt. Er legt sich hin und wird von den Stängeln zugedeckt.)* Auch bei Rahab, der Prostituierten, klopften sie an die Tür und sagten: ‚Gib die fremden Männer raus!' Wir hatten Angst, dass sie uns verraten würde. Sie sagte: ‚Ja, die Männer waren hier. Aber sie sind wieder gegangen. Sie sind schon zum Stadttor hinaus.' Während die Polizisten den vermeintlichen Flüchtlingen nachjagten, kümmerte sie sich um uns Spione. Sie ließ uns an einem Seil außen an der Stadtmauer herunter, damit wir uns verstecken und fliehen konnten. *(Der Spion spielt, dass er am Seil herunterklettert.)* Außerdem sagte die Frau: ‚Ich weiß, dass ihr einen Gott habt, der euch helfen wird. Ich weiß, dass ihr diese Stadt erobern werdet. Ich habe eine Bitte: verschont mich.' Wir sagten zu ihr: ‚Wenn du uns nicht verrätst, verschonen wir dich.' Wir vereinbarten als Zeichen, dass die Frau einen roten Faden ins Fenster hängen sollte, damit die Israeliten wussten, dass dieses Haus bei der Eroberung der Stadt verschont werden musste."

Vertiefung in Kleingruppen

Die Kleingruppe beginnt mit einem Gespräch über Rettungsaktionen:
■ Wo werden sie durchgeführt?
■ Wie läuft so etwas ab?
■ Wie kann man sich darauf vorbereiten?
Stichpunkte zum weiteren Gespräch: Feuerwehr, Notarzt, Rettungswegeplan in öffentlichen Gebäuden.

Überleitung: In der Geschichte gab es auch einen Rettungsplan. Nun wird die Geschichte kurz wiederholt. Dazu werden einzelne Stichworte aus der Geschichte auf Karteikarten geschrieben.
Die Kinder ziehen sich eine Karte und sagen, was ihnen zu dem Stichwort einfällt. Mögliche Stichworte sind: Seil, Haus, Stadtmauer, roter Faden ...

Nun wird gefragt, wie die Rettungsaktion in dieser Geschichte abläuft.
Nachdem über den Rettungsplan in der Geschichte gesprochen wurde, wird der Rettungsplan von Gott für uns Menschen erklärt:

1. Gottes Wille war die Gemeinschaft zwischen uns und ihm.
2. Diese Gemeinschaft wurde zerstört, weil wir viele Dinge machen, die nicht in Ordnung sind.
3. Wir Menschen haben Sehnsucht nach Gott und versuchen durch viele Leistungen zu ihm zu kommen.
4. Gott lässt uns nicht einfach so sitzen, sondern weil er uns sehr lieb hat, denkt er sich eine Möglichkeit aus, zu ihm zu kommen.
5. Gott baut eine Brücke zu ihm hin. Diese Brücke ist das Kreuz, es ist die Verbindung zu Gott. Und durch Jesus, der am Kreuz gestorben ist, kann ich gerettet werden.

Faden und Kreuz
Mit folgender Erklärung wird der Gedanke noch veranschaulicht: Man nimmt einen farbigen Faden und sagt: Das ist das Leben. Gemeinsam überlegen wir, was darin alles passiert: Geburt, erster Zahn, erster Schritt, Kindergarten, Schule usw. Diese Zeiträume können auf dem Faden auch so angedeutet werden. Nun kommt ein zweiter Faden dazu, ein roter Faden, das ist der Faden Gottes, der unbedingt zu meinem Leben dazugehört. Der rote Faden wird um den anderen Faden gewickelt und festgeknotet. Dieses Festknoten ist die Stelle im Leben, wo ich merke, dass Gott da ist und mich erretten will.

Jedes Kind erhält einen roten und einen andersfarbigen Faden. Diese werden zusammengeknotet und zu einen Kreuz gelegt, evtl. kann man dieses Fadenkreuz auch auf eine Karte kleben.

Bibelarbeit 2: Hilfe für vergessliche Detektive
Josua 3 und 4

Ziel
Auf Gott kann ich mich verlassen und ich kann mich immer daran erinnern, was er für mich getan hat.

Gedanken zum Bibeltext
Diese Geschichte erinnert sehr an den Durchzug des Volkes Israel durch das Schilfmeer (2. Mose 15). Es ist aber keine Wiederholung, sondern eine eigene Geschichte. Eine wichtige Rolle in dieser Geschichte spielt die Bundeslade, die für die Israeliten als Wohnstatt Gottes galt. Als die Bundeslade, von den Priestern getragen, in den Jordan kam, staute sich das Wasser. Das ist ein deutliches Zeichen für das Handeln Gottes. Der Handelnde ist also Gott

und nicht Josua, aber durch das Handeln Gottes wird der Weg für Josua vorbereitet (Josua 3,7). Die Israeliten bauen als Erinnerung an dieses große Ereignis eine Art Denkmal am Ufer des Jordans auf. Damit war klar: Das ist unser Land. Hier bleiben wir wohnen, denn sonst hätte eine Erinnerungsstätte an dieser Stelle keinen Sinn ergeben.

Verkündigung im Plenum

Ein Detektiv, Konrad Knobel, tritt auf. Er hat einen Mantel an, Mütze auf, Fotoapparat umhängen und eine Lupe in der Hand. Er erzählt den Kindern von seiner Arbeit und von seinen Fällen. Auch heute hat er wieder einen komplizierten Fall zu lösen. Er bittet die Kinder um Mithilfe.
Er hat aber so vieles vergessen, das mit dem Fall zu tun hat. Er blättert in seinem Kalender, liest die Ortsangabe Jordan und findet einige Klebezettel, auf denen Stichpunkte stehen. Aus diesen Stichpunkten versucht er nun den Fall zu rekonstruieren. Zwischendurch ärgert er sich immer wieder über seine Vergesslichkeit.

Auftrag
Plötzlich sieht er auf einem zerknüllten Notizzettel das Stichwort „Auftrag" und da probiert er es aus: Er gibt den Kindern einen Auftrag.
Er holt 12 Kinder nach vorn. Sie erhalten den Auftrag, dass jeder einen Stein holen und diese Steine hier aufstapeln soll. Der Auftrag wird von den Kindern ausgeführt und als der Steinhaufen fertig ist, überlegt Konrad Knobel, an was ihn dieser Steinhaufen erinnern sollte.

Ein als Israelit verkleideter Mitarbeiter kommt vorbei und sagt: „Gut, dass ich den Steinhaufen hier sehe. Da vergesse ich wenigstens nicht, was Gott getan hat."

Da hakt Konrad Knobel ein und fragt, was Gott getan hat. Daraufhin erzählt der Israelit die Geschichte. Folgende Erzählstufen sind möglich:
1. Die Israeliten bekommen Anweisungen, wie sie sich in den nächsten Tagen verhalten sollen. Wenn die Bundeslade durch das Lager getragen wird, sollen sie hinter der Bundeslade hergehen.
2. Die Priester gehen mit der Bundeslade vorweg und bleiben im Wasser des Jordans stehen. Nun läuft kein Wasser mehr nach, es bleibt wie ein Wall vor der Stelle stehen.
3. Der Fluss wird trocken und das ganze Volk kann hindurchgehen.
4. Josua schickt 12 Männer los, aus jedem der Stämme des Volkes einen Mann, um Steine aus dem trockenen Flussbett des Jordans zu holen. Diese Steine

werden als Denkmal an dieses große Ereignis am Ufer des Jordans aufgerichtet.

5. Josua befiehlt den Priestern mit der Bundeslade auch auf die andere Seite des Jordans zu gehen. Als sie dort angekommen sind, fließt das Wasser des Flusses weiter.

Vertiefung in Kleingruppen

Spiel zum Einstieg: Eine kurze Geschichte wird vorgelesen. Zu dieser Geschichte werden Fragen gestellt, die Details der Geschichte betreffen. Manche Details haben sich die Kinder sicherlich gemerkt, manche werden sie aber auch vergessen haben.

<u>Überleitung:</u> Manchmal vergessen wir Dinge, die man sich unbedingt merken wollte. Deshalb brauchen wir Erinnerungshilfen.

Gespräch: Was sind Gedächtnisstützen für uns heute?
Mögliche Antworten: Kalender, Notizzettel usw.
Woran sollen sie uns erinnern?
In der Geschichte sind aufgeschichtete Steine die Erinnerungshilfe.
Woran sollen diese Steine erinnern?

Jetzt wird die Geschichte kurz wiederholt. In die Mitte werden Fußspuren gelegt, auf denen die einzelnen Stationen des Weges aufgezeichnet oder aufgeschrieben sind: Auftrag von Gott durch den Jordan zu ziehen, Priester gehen voran, der Fluss trocknet aus usw.
Mit diesen Fußspuren wird dann auch überlegt, welche Wege die Kinder heute gehen müssen und wie sie sich dabei fühlen; z.B. Weg durch einen dunklen Wald, Weg auf das 3-Meter-Sprungbrett, Weg zur Schule, Weg in den Urlaub, Weg zur Wochenendfreizeit usw.
Auf allen diesen Wegen geht Gott mit, egal ob ich diesen Weg gern gehe oder ob ich Angst habe.

An welche Wege, die ich gehe, erinnere ich mich gerne? Warum?

Denksteine

Jedes Kind erhält einen Stein, auf den es schreiben oder malen kann, was Gott ihm Gutes getan hat. Diese Steine werden zuerst in der Mitte als ein Steinhaufen (die Denksteine) aufgestapelt. Jedes Kind erzählt kurz zu seinem Stein etwas. Am Schluss kann sich jedes Kind seinen Stein als Erinnerungshilfe mitnehmen.

Nachmittagsprogramm: Detektiv-Rallye

Die Teilnehmer werden in Gruppen eingeteilt. Jede Gruppe erhält ein Aufgabenblatt, auf dem die zu lösenden Aufgaben stehen.

Es können mehrere Aufgaben auf einem Blatt stehen oder am Ende des Aufgabenblattes steht noch der Hinweis, wo die nächste Aufgabe zu finden ist. Das kann direkt formuliert sein (die nächste Aufgabe findet ihr auf der Toilette) oder auch als Umschreibung (die nächste Aufgabe findet ihr an dem Ort, wo man im Normalfall allein hingeht).

Alle Gruppen sollten die gleichen oder wenigstens vergleichbare Aufgaben haben. Damit aber nicht alle den gleichen Weg gehen müssen, kann die Reihenfolge der einzelnen Gruppen unterschiedlich sein.

Folgende Aufgaben sind möglich (die Aufgaben sind natürlich nur Vorschläge und müssen den örtlichen Gegebenheiten angepasst werden):

- Erkundigt euch an der Tankstelle, was 1 Liter Dieselkraftstoff kostet!
- Bringt 5 Stempel von Geschäften des Ortes mit!
- Bringt Werbeprospekte von einem Autohaus mit!
- Sucht das Auto mit dem Kennzeichen HH-EC 987 in der Burgstraße. Wo parkt es genau? (Das Auto muss auch wirklich dort geparkt sein!)
- Denkt euch für alle eure Gruppenmitglieder neue Namen aus und schreibt sie auf! Der neue Name muss aber mit den gleichen Anfangsbuchstaben beginnen wie der richtige. Beispiel: Aus Leon Lehmann wird Langer Lulatsch.
- Sammelt 10 Unterschriften von Einwohnern dieser Stadt!
- Findet heraus, wie der Bürgermeister der Stadt heißt!
- Sammelt Naturmaterialien und bastelt daraus einen Waldschrat!
- In der Garage ist ein Zettel mit einem Totenkopf versteckt. Was steht noch darauf? (z.B. Viel Glück!)
- Malt einen Plan vom Freizeithaus!
- Was ist im Papierkorb vor dem Rathaus versteckt? (z.B. ein Blumenstrauß)
- Löst folgendes Rätsel: Erst bin ich klein. Kommt Luft hinein, dann bin ich groß. Was bin ich bloß? (Luftballon)
- Holt in der Küche einen Briefumschlag. Setzt das Puzzle zusammen, das sich darin befindet!
- Malt und schreibt einen Steckbrief des Freizeitleiters!
- Bringt 7 Kastanien mit!
- Was bedeutet folgender Satz: LEIZ MA THCIN HCON DIES RHI! (Ihr seid noch nicht am Ziel! – rückwärts gelesen)
- Welcher Film kommt heute Abend um 20:15 Uhr im Kino?
- Wie viele Fenster hat das Stadtmuseum?

Abendprogramm: Knifflige Spiele –

das Mensch-ärgere-dich-nicht-Turnier

Zur Durchführung des Turniers braucht man mehrere Mensch-ärgere-dich-nicht-Spiele, denn immer vier Teilnehmer können zusammen an einem Brett spielen. Die Spiele werden an kleinen Tischen aufgebaut und nummeriert. Dann werden die Teilnehmer den einzelnen Brettern zugelost.

Das erfolgt so, dass jeder Platz an jedem Tisch auf einem Zettel steht (z.B. bedeutet Rot 1 die rote Spielfarbe am Brett 1). Jeder Teilnehmer zieht sich einen solchen Zettel. Für den gesamten Turnierablauf gilt, dass es nicht um die Einzelwertung geht, sondern um die Mannschaftswertung – alle Blauen sind eine Gruppe, alle Roten sind eine Gruppe usw.

Auf ein Startzeichen hin gehen alle auf ihren Platz und das Spiel beginnt nach den allgemeinen Spielregeln, die aber noch einmal genau erklärt werden müssen. Nach fünf Minuten ertönt ein Signal und es wird eine Farbe bekannt gegeben. Die Spieler, die mit dieser Farbe spielen, rücken nun einen Tisch weiter und haben nun eine neue Spielsituation vor sich. Nach fünf Minuten wird erneut gewechselt usw.

Nach einer vorher festgelegten Zeit, z.B. eine Stunde, ertönt der Abpfiff und es erfolgt die Wertung. Welche Farbe auf einem Spielbrett am weitesten vor angekommen ist, erhält vier Punkte, der nächste drei usw. Diese Punkte werden für die jeweiligen Farben addiert und somit der Sieger ermittelt.

Familiengottesdienst: Hilfe für schwache Detektive
Josua 6

Ziel
Gott ist der starke Gott, der auf unserer Seite steht. Er kann unmögliche Dinge möglich machen, wenn wir ihm gehorsam sind.

Gedanken zum Bibeltext
Diese Geschichte ist der Höhepunkt bei der Eroberung des verheißenen Landes. Die Stadt Jericho galt als uneinnehmbar und mit militärischen Mitteln wäre die Einnahme der Stadt sicherlich nicht gelungen. So taten die Israeliten etwas, das auf den ersten Blick sinnlos schien. Am Ende hat sich aber gezeigt, dass sie die Sieger waren, weil sie ganz auf Gott vertrauten.

Ablauf

Ein Detektiv, Konrad Knobel, tritt auf. Er hat einen Mantel an, Mütze auf, Fotoapparat umhängen und eine Lupe in der Hand. Er erzählt den Teilnehmern von seiner Arbeit und von seinen Fällen. Auch heute hat er wieder einen komplizierten Fall zu lösen. Er bittet die Teilnehmer um Mithilfe.

Während er erzählt, wiederholt er einige Dinge der Wochenendfreizeit, Dinge, die in den Bibelarbeiten angesprochen wurden, aber auch andere Ereignisse der Freizeit. Somit nimmt er alle Teilnehmer noch einmal mit in das Geschehen hinein.

Dann holt er aus seiner Manteltasche eine Karte heraus und schaut sie sich mit den Teilnehmern an. Es ist der skizzierte Plan einer Stadt mit einer Mauer außen herum. Er fragt sich, was das bedeuten soll, und da fällt ihm ein, dass er noch einen Plan hat. Aus der anderen Manteltasche holt er einen anderen Plan heraus. Das ist der Plan des Hauses. Auf diesem Plan ist ein Zimmer des Hauses besonders markiert. Dorthin geht er nun mit den Kindern und findet „Steine" (viele Pappkartons), die in den Hauptraum geholt und die gemeinsam zu einer Stadtmauer aufgebaut werden.

Während die Kinder diese Aktion ausführen, kann von den Erwachsenen ein Lied gesungen werden. Natürlich können auch alle Altersgruppen mit an der Mauer bauen.

Danach wird die Geschichte von allen Teilnehmern des Gottesdienstes nachgespielt:

Ein Mitarbeiter erzählt von der Unmöglichkeit, die Stadt Jericho mit ihren starken Mauern einzunehmen. Er fragt die Kinder, ob sie einen Schlachtplan hätten, wie das geschehen könnte.

Dann nimmt er die Bibel und liest Gottes Schlachtplan vor.

Alle Teilnehmer laufen nun um die aufgebaute Stadt. Zunächst laufen sie sechsmal um die Stadt. Dann kommt der siebte Tag und sie laufen siebenmal um die Stadt. Beim letzten Mal machen sie einen großen Lärm und zerstören die Mauer.

Man kann die Geschichte auch noch erweitern, indem man eine Bundeslade baut und mitnimmt, die Gottesdienstbesucher in Priester, Kriegsleute und Volk einteilt usw.

Zusammenfassung

Gott handelt anders, als wir uns das vorstellen. Gottes Schlachtplan ist anders als unsere Vorstellungen. Wir müssen uns aber auf Gottes Plan einlassen und ihm gehorsam sein. Nur dann kann Gottes Plan aufgehen.

Spiel zum Thema Gehorsam

Als Vorbereitung wird schon vor dem Gottesdienst eine Tüte Gummibärchen unter einen Stuhl geklebt. Konrad Knobel sucht ein gehorsames Kind. Dieses Kind muss einen Auftrag ausführen: Es soll zu einem bestimmten Stuhl gehen, das dort sitzende Kind vom Stuhl schubsen, um den Stuhl herumgehen, den Stuhl ganz hochheben - bis es die Gummibärchen sieht.

Übertragung: Das waren scheinbare sinnlose Aufträge, die das Kind erhielt, aber es hat sich gelohnt, diesen Auftrag gehorsam auszuführen.

Andacht

In der Andacht erfolgt eine Gegenüberstellung von unseren Plänen und dem Handeln der Israeliten.

Gegenüberstellung:

Was hätten wir vermutlich getan?	Was haben die Israeliten getan?
- Schlachtplan ausgearbeitet	- sich auf Gottes Plan verlassen
- intensiv auf den Kampf vorbereitet	- mit Gott geredet
- den eigenen Plänen vertraut	- sich ganz auf Gott verlassen

Als Abschluss der Andacht passt gut ein Erlebnisbericht eines Mitarbeiters, indem er erzählt, wie er sich ganz auf die Pläne Gottes verlassen hat.

Übertragung zum Abschluss: Wo gibt es in unserem Leben Mauern, die eingerissen werden sollen?
Eine Mauer wird aus Legosteinen, Ziegelsteinen oder anderen Steinen gebaut und nun wird überlegt, was für Steine in unserem Leben da sein können, die sich zu einer Mauer auftürmen. Beispiele: Streit mit dem Freund, Ungehorsam gegenüber den Eltern, neidisch sein usw.
Nun überlegen wir gemeinsam, wie diese Mauer eingerissen werden kann.

Zusammenfassung

Allein geht das Einreißen der Mauer nicht, sondern nur, wenn wir uns auf Gott verlassen. Wenn wir erkennen, was wir verkehrt gemacht haben, und wenn wir bekennen, dass es falsch ist, dann ist bei Gott auch Unmögliches möglich: die dicken Mauern von Jericho zum Einsturz zu bringen und Mauern, die in unserem Leben sind, einzureißen.

Kommissar Konrad Knobel betet und verabschiedet alle Teilnehmer.
Damit ist die Wochenendfreizeit beendet.

EINE FAHRT DURCH DAS JAHR

Begrüßungsabend: Advent - der Adventskalenderabend

Ziel
Die Teilnehmer sollen die anderen Teilnehmer kennen lernen und in das Thema und die Abläufe der Freizeit eingeführt werden.

Ablauf
Aus 24 leeren Streichholzschachteln wird ein Adventskalender gebastelt. Wie er aussieht, ist egal, die Schachteln können übereinander oder nebeneinander auf ein großes Blatt Papier geklebt werden oder man überlegt sich noch andere Möglichkeiten.

Jede Schachtel muss mit einer Zahl von 1 bis 24 beschriftet werden. In den Schachteln liegen kleine Zettel, auf denen die einzelnen Programmpunkte des gesamten Abends beschrieben sind.

Der Ablauf könnte etwa folgendermaßen aussehen:
1 Begrüßung
2 Lied
3 Gebet
4 Lied
5 Spiel: Adventsgedanken – Schreibt ganz schnell 24 Begriffe auf, die etwas mit Advent zu tun haben!
6 Freizeitregeln 1. Teil
7 Lied
8 Freizeitregeln 2. Teil
9 Vorstellung der Teilnehmer 1. Runde (Einige Teilnehmer stellen sich kurz vor.)
10 Spiel: Kerzen auspusten - Auf dem Tisch stehen 15 Teelichter. Wer schafft es, so viele Kerzen wie möglich mit einem Atemstoß auszupusten?
11 Vorstellung der Teilnehmer 2. Runde
12 Überraschung: Es gibt für jeden Teilnehmer eine Süßigkeit, ein Getränk o.Ä.

13 Vorstellung der Teilnehmer 3. Runde

14 Vorstellung des Ablaufs der Freizeit

15 Spiel: Kerzenrennen - Man braucht zwei Bierdeckel, zwei Teelichter und zwei Stricke. Der Strick wird am Bierdeckel festgeklebt und ein Teelicht auf den Bierdeckel gestellt. Nun wird eine Wegstrecke markiert, durch die das Teelicht, auf dem Bierdeckel, am Strick gezogen werden muss. Dabei darf das Teelicht nicht verlöschen oder vom Bierdeckel rutschen. Das Spiel kann als Wettbewerb zwischen zwei Mitspielern gespielt werden oder es wird die Zeit gestoppt.

16 Vorstellung der Teilnehmer 4. Runde

17 Lied

18 Vorstellung der Mitarbeiter

19 Andacht: Auch in anderen Ländern wird Advent gefeiert, manchmal mit anderen Bräuchen als bei uns. In Schweden wird in der Adventszeit das Luciafest gefeiert. Die heilige Lucia gilt als Lichtbringerin. Um daran zu erinnern, geht die älteste Tochter der Familie als Lucia verkleidet (Lichterkranz im Haar) morgens durch das Haus und weckt die ganze Familie und bringt ihnen damit Licht in die finstere Welt. Das ist ein Symbol. Das größte Licht brachte aber ein anderer in die dunkle Welt: Jesus Christus. Er sagte von sich selbst: „Ich bin das Licht der Welt." Er macht auch mein Leben ganz hell.

20 Spiel: Kerzenpartner - Zwei Mitspieler sitzen sich gegenüber. Jeder hat eine Schachtel Streichhölzer und drei Teelichter vor sich stehen. Jeder hat die Aufgabe diese drei Kerzen anzuzünden. Der andere darf ihm aber immer wieder die Kerzen auspusten. Wer schafft es zuerst, dass seine Kerzen brennen?

21 Adventskalender basteln: Jeder Teilnehmer erhält 24 leere Streichholzschachteln (weiße Streichholzschachteln gibt es in Bastelläden zu kaufen). Es muss außerdem noch genügend anderes Bastelmaterial bereitgehalten werden, z.B. verschiedenfarbige Pappen, Stifte, Weihnachtsservietten, Krepppapier, Buntpapier, Scheren, Kleber usw. Jeder darf sich nun einen Adventskalender basteln. Es werden dabei keine Vorgaben gemacht, sondern der Kreativität sind keine Grenzen gesetzt. Die Teilnehmer können den Adventskalender mit nach Hause nehmen und ihren Eltern geben, mit der Bitte, den Kalender für die Adventszeit zu füllen. So haben die Kinder auch noch einige Monate später eine Erinnerung an die Freizeit. Wenn die Familien bei diesem Abend zusammen sind, kann auch jede Familie einen Familien-Adventskalender basteln.

22 Lied

23 Gebet

24 Weitere Hinweise für den Abend und die Freizeit

Nachtaktion 1: Weihnachten - Nachtkrippenspiel

Es wird eine Nachtwanderung durchgeführt. Unterwegs entdeckt man auf einer Lichtung eine Krippe, Felle, Stöcke, die Geschenke der Weisen aus dem Morgenland usw. Nun werden einige Kerzen angezündet, damit die Bühne leicht erhellt wird, und die Mitarbeiter führen ein Krippenspiel auf.

Nachtaktion 2: Ostern - Ostereiersuche

Es wird ein Waldstück klar abgegrenzt. In diesem Waldstück wird für jeden Teilnehmer ein Osterei versteckt, das nun im Dunklen gesucht werden muss.

Bibelarbeit 1: Karfreitag
Lukas 22,54-62

Ziel

Auch wenn wir andere Menschen und Gott enttäuschen, enttäuscht er uns doch nicht.

Gedanken zum Bibeltext

Der Bericht von der Verleugnung des Petrus ist ein wichtiger Teil der Passionsgeschichte. In diesem Abschnitt wird der Blick zunächst von Jesus weg gewendet und Petrus wird in den Fokus genommen. Er zeigt zunächst Mut, indem er ganz nah am Geschehen dran sein will und sich nicht abschrecken lässt. Nach dem Hahnenschrei wird ihm sein ganzes Versagen bewusst. Lukas erwähnt als Einziger der Evangelisten, dass sich Jesu noch zu ihm umdrehte und ihn ansah. Paulus hält es an dieser Stelle nicht mehr aus und geht. Er geht aber nicht ins Verderben, sondern er zeigt Reue und kehrt um.

Verkündigung im Plenum

Einstiegsspiel

Die Verkündigung beginnt mit dem Spiel Geräuscheraten. Von einer Geräusche-CD werden verschiedene Geräusche eingespielt und die Kinder müssen raten, um was für Geräusche es sich handelt. Das letzte Geräusch, das zu erraten ist, ist der Schrei von einem Hahn.

Es können auch eigene Geräusche-CDs oder -kassetten zusammengestellt werden, z.B. mit den Stimmen von verschiedenen Kindern. Für die Überleitung zur biblischen Geschichte ist es aber notwendig, dass der Hahnenschrei dieses Spiel abschließt.

Danach tritt ein Mitarbeiter als Petrus verkleidet auf und erzählt die Geschichte aus seiner Sicht:
Habt ihr das gehört? Der Schrei eines Hahnes. Jedes Mal, wenn ich ihn höre, erschrecke ich. Der Schrei erinnert mich an ein sehr schlimmes Ereignis, das ich einmal erlebt habe. Übrigens, ich bin Petrus. Ich bin ein Freund von Jesus.
Jesus ging es nicht gut. Er wurde gefangen genommen und es war sehr wahrscheinlich, dass er zum Tode verurteilt werden würde. Ich wollte bei ihm bleiben. Das hatte ich ihm fest versprochen und so ging ich hinterher, dahin, wo er verhört wurde. Ich hatte Angst, aber ich musste einfach dort sein.
Ich ging in den Hof vom Haus des Hohepriesters, denn in diesem Haus fand das Verhör statt. Ich war nicht allein dort. Soldaten, Diener, Mägde, Stallburschen und noch viel mehr Menschen saßen da und versuchten sich die Zeit zu vertreiben. In der Mitte brannte ein Feuer, um alle zu wärmen. Vorsichtig ging ich näher. Ob ich Jesus irgendwie helfen konnte? Ich setzte mich unauffällig mit ans Feuer. Da sah mich eine Magd an und sagte: „Du bist doch auch ein Freund von Jesus!" Was sollte ich jetzt machen? Ich hatte Angst. Und sagte ich: „Ich kenne ihn nicht." Das war noch einmal gut gegangen. Aber wenig später die gleiche Situation, ein anderer sagte zu mir: „Du bist doch einer von den Männern, die immer mit Jesus unterwegs waren!" Ich hatte wieder nicht den Mut, das zuzugeben, sondern sagte erneut: „Nein, das bin ich nicht!" Schon wieder gelogen! Schon wieder hatte mich mein Mut verlassen. Wenn das bloß gut geht, dachte ich mir, und eine Weile sagte niemand etwas zu mir. Doch dann, etwa eine Stunde war vergangen, sagte ein anderer wieder den Satz: „Ich weiß es genau, du bist immer bei Jesus gewesen!" Was nun? Werde ich auch verhaftet und umgebracht? Ich hatte solche Angst und sagte: „Ich weiß überhaupt nicht, wovon du redest."
Ich hatte den Satz noch gar nicht richtig ausgesprochen, da krähte ein Hahn. In dem Moment drehte sich auch Jesus um, der drinnen im Haus war, und sah mich an. Dieser Schrei, dieser Blick – das werde ich nie vergessen. Ich wusste, was Jesus einmal zu mir gesagt hatte: „Bevor der Hahn kräht, hast du mich dreimal verleugnet." Genau das war jetzt der Fall. Ich habe nicht zu Jesus gehalten. Ich habe versagt. Ich habe ihn enttäuscht.
Ich bin aus dem Hof gerannt, weit weg und habe nur noch geheult. Und dann, dann ist Jesus gekreuzigt worden und ich war nicht dabei. Ich habe ihn im Stich gelassen.

Der Moderator kommt und sagt, dass es heute um Jesus am Kreuz geht.

Im Raum sind kleine Kreuze versteckt (zwei dünne Stöckchen als Kreuz zusammengeklebt), die uns an das Kreuz Jesu erinnern sollen.
Jeder soll nun ein solches Kreuz suchen!
Dann geht jeder in die eigene Gruppe zur Vertiefung der Geschichte.

Vertiefung in Kleingruppen
Wir sprechen über das Thema Kreuz:
- Wo finden wir heute noch Kreuze? Friedhof, Kirchen, Schmuck usw.
- Was bedeuten sie? Dass Jesus am Kreuz gestorben ist.
- Warum ist Jesus am Kreuz gestorben?

Das wird mit folgendem Bild verdeutlicht: Ein Kreis wird in die Mitte gelegt, auf dem das Wort „Gott" steht. Auf diesen Kreis wird ein etwas kleinerer Kreis gelegt, auf dem „Mensch" steht. Das bedeutet, dass Gott eigentlich will, dass wir bei ihm sind.

Wir gehen aber ganz oft weg. Nun werden kleine Fußspuren hingelegt, die von Gott wegführen. Gemeinsam überlegen wir, was für Dinge uns von Gott wegführen, z. B. Lügen usw., und schreiben diese Antworten auf die Fußspuren. An das Ende der Fußspuren muss nun der Kreis „Mensch" gelegt werden, er wird dabei vom Kreis „Gott" weggenommen. Das ist unser Weg, weg von Gott und es gibt nur eine Möglichkeit zurück.

Nun wird ein Kreuz über die Fußspuren gelegt (es muss so groß sein, dass es alle Fußspuren zudeckt). Das Kreuz ist der Weg, auf dem wir zu Gott zurückkommen können. Weil Jesus mit seinem Tod die Strafe bekommt, die wir eigentlich verdient hätten, ist das Kreuz für uns ein Rettungszeichen.
Als Abschluss wird der Kreis „Mensch" wieder auf den Kreis „Gott" gelegt.

Zusammenfassung
Petrus hat Jesus enttäuscht und trotzdem hatte Jesus Petrus lieb. Er konnte wieder zu ihm zurückkommen. Jesus hat auch uns lieb. Er will das Beste für uns, dass wir bei Gott sind.

Jedes Kind bekommt nun eine Fußspur und kann etwas darauf schreiben, das es von Gott weggebracht hat. Diese Fußspur wird mit unter das Kreuz geschoben.

Bibelarbeit 2: Ostern
Lukas 24,13-35

Ziel
Jesus ist auferstanden. Das ist Grund zur Freude. Jesus lebt und ist bei uns.

Gedanken zum Bibeltext
Die Geschichte der Emmausjünger wird nur im Lukasevangelium erzählt. Sie macht in einer konkreten Situation deutlich, wie sich Jesus zu erkennen gibt und welche Änderungen in den Menschen vorgehen.

Kleopas und ein nicht namentlich genannter Mann gehen enttäuscht nach Hause. Ihre Geschichte mit Jesus ist zu Ende. Jesus bleibt Erinnerung. Da kommt er selbst dazu. Sie erkennen ihn nicht auf Anhieb, sondern das Erkennen ist ein Weg, ein Prozess. Zu diesem Prozess gehört das brennende Herz, das sie bei dem Gespräch mit Jesus gespürt haben. Es gehört aber auch die Auslegung der Schrift und das Brotbrechen dazu. Das sind Dinge, die die Veränderung der Männer verursacht haben und große Freude auslösten.

Verkündigung im Plenum

Einstiegsspiel
Es wird ein Einstiegsspiel zum Thema Weg gespielt. Auf dem Boden liegen DIN-A4-Blätter mit den Ziffern 1 bis 20 in ungeordneter Reihenfolge. Ein Kind hat nun die Aufgabe, so schnell wie möglich den Weg von 1 bis 20 zu gehen - also von Blatt 1 auf Blatt 2 zu springen usw.

<u>Übertragung:</u> Wir gehen ständig Wege. Manche Wege sind klar, aber bei einigen wissen wir nicht, wie es weitergeht, wohin der nächste Schritt geht oder was am Ende des Weges steht.
Wir wollen heute zwei Männer auf ihrem Weg begleiten.

Anspiel
Zur Verkündigung braucht man drei Paar Sandalen, an die Stricke gebunden werden. Es wird eine Art Puppenbühne aufgebaut, das heißt über Stuhllehnen wird ein Stück schwarzes Tuch gespannt. Die Spieler, die zugleich Sprecher sind, stehen hinter dem Tuch, halten die Sandalen an den Stricken fest und führen sie wie Marionetten.

Am Anfang gehen zwei Sandalen ganz langsam los und unterhalten sich über die Ereignisse der letzten Tage in Jerusalem. Sie reden über Jesus. Während sie so reden, kommt das dritte Paar Sandalen (Jesus) hinzu, läuft erst langsam nebenher und fragt dann: „Worüber unterhaltet ihr euch?"

Daraufhin erzählen sie wieder von Jesus, von seiner Kreuzigung und davon, dass einige Frauen beim Grab waren, ihn aber nicht mehr gefunden haben.

Jesus sagt ihnen, dass das schon im Alten Testament steht und das es vorher schon klar war, dass Jesus sterben musste und auferstehen wird.

Plötzlich halten sie an. Einer sagt: „Da drüber ist unser Dorf. Wir sind gleich zu Hause." Jesus will sich verabschieden. Die Sandalen werden zur Seite gedreht. Einer sagt: „Bleib bei uns! Komm mit zu uns mach Hause und iss mit uns!"

Alle drei gehen weiter und kommen in das Haus. Die drei Paar Sandalen werden im Halbkreis aufgestellt und es wird ein Teller mit Brot davor gestellt. Das Brot ist in der Mitte geteilt, liegt aber so auf dem Teller, dass es wie ein ganzes Brot aussieht.

Jesus sagt: „Gott, ich danke dir für das Brot." Nun verschwindet das Paar Sandalen von der Bühne und das Brot wird schnell auseinander geschoben, sodass man die beiden Teile sieht.

Die beiden anderen sind ganz aufgeregt. Einer sagt: „Das war Jesus! Ich habe es schon die ganze Zeit geahnt. Aber jetzt, wo er für das Brot gedankt und es geteilt hat, so wie beim letzten gemeinsamen Essen, weiß ich es ganz genau: Jesus war hier bei uns! Er lebt! Er ist auferstanden!"

Ganz schnell laufen die beiden Sandalenpaare zurück und rufen: „Der Herr ist auferstanden! Er ist wahrhaftig auferstanden!"

Vertiefung in Kleingruppen

Eine große runde Pappe wird vorbereitet. Auf der Vorderseite ist ein lachender Smilie aufgemalt und auf der Rückseite ein trauriger Smilie. Mit Hilfe dieser Smilies wird die Geschichte kurz wiederholt und wir überlegen gemeinsam mit den Kindern, an welcher Stelle die beiden Männer aus der Geschichte traurig und an welcher Stelle sie fröhlich waren. Wir sprechen über den Grund für die Freude und die Traurigkeit.

Danach werden verschiedene Behauptungen aufgestellt, die mit „richtig" oder „falsch" beantwortet werden können, z.B.:

- Deutschland ist das größte Land der Welt. falsch
- Donald Duck wohnt in Entenhausen. richtig
- Die letzte Behauptung lautet: Jesus ist auferstanden. falsch

Danach folgt ein Gespräch zu dieser These:
Warum? Wieso? Kann man das beweisen?

Man kann die Auferstehung nicht beweisen. Sie wird aber dadurch glaubhaft, dass wir Jesus heute noch als den Auferstandenen und den Lebendigen kennen lernen können.

Nun sollte ein Mitarbeiter eine Geschichte aus seinem Leben erzählen, wie er Jesus erlebt hat.

Nachmittagsprogramm: Sommer - Wasserspiele

Hier sind verschiedene Spiele mit und im Wasser zusammengefasst, die man je nach Bedarf der Gruppe und den örtlichen Möglichkeiten (Hallenbad, Badesee, Schwimmbassin usw.) zusammenstellen muss.

Spiele mit Wasser

Ballspiele mit Wasserballons

Dazu braucht man mehrere Luftballons, die mit Wasser gefüllt sind. Es werden nun ganz normale Ballspiele gespielt, z.B. Volleyball oder Völkerball. Der einzige Unterschied zu den normalen Spielen ist nur, dass anstatt des Balles ein mit Wasser gefüllter Ballon benutzt wird. Da dieser Ball ziemlich oft kaputtgehen wird, sollten immer genügend Reserveballons vorhanden sein.

Apfelessen im Wasser

In eine Schüssel, die mit Wasser gefüllt ist, wird ein Apfel gelegt. Ein Teilnehmer erhält nun die Aufgabe, diesen Apfel zu essen, ohne dass dabei die Hände benutzt werden.

Wasserbomben an der Schnur

An eine Leine werden mehrere Wasserbomben nebeneinander gehängt. Ein Teilnehmer bekommt einen alten Bauhelm auf den Kopf. In diesen Helm ist ein spitzer Nagel eingeschlagen, der oben aus dem Helm schaut. Die Ballons hängen über dem Kopf des Teilnehmers und er muss nun versuchen, durch Hochhüpfen die Ballons zum Platzen zu bringen. Platzt der Ballon, gibt es zur Belohnung eine Dusche. Die Spannung kann noch erhöht werden, wenn dem Spieler mit Helm die Augen verbunden werden. Er braucht dann einen Spielpartner, der ihm die Anweisungen gibt, wohin er sich stellen und wann er hochspringen muss. Trifft er dann mit der Spitze den Ballon, kommt die Dusche noch überraschender.

Wasserstaffeln

Es werden zwei Mannschaften gebildet, die gegeneinander antreten. Die Aufgabe ist dabei immer die Gleiche: Es muss Wasser aus einem Behälter an der Startlinie in einen Behälter an der Ziellinie transportiert werden. Dabei gibt es zwei Bewertungsmöglichkeiten: Entweder hat die Mannschaft gewonnen, die es am schnellsten geschafft, oder die, die das meiste Wasser transportiert hat.

Möglichkeiten für den Wassertransport sind:

- mit einem Schwamm
- mit einem Fingerhut
- mit einem Becher, in den mehrere Löcher gebohrt sind
- mit einem Becher, der am Bein festgebunden ist - zum Ausschütten muss sich der Läufer also ziemlich verrenken
- mit einem Becher, der auf dem Kopf transportiert werden muss
- mit Gummistiefeln – dazu schlüpfen die Teilnehmer in möglichst große Gummistiefel, die mit Wasser gefüllt werden; darin wird das Wasser transportiert
- mit einer Spritzpistole – diese Pistole wird an der Startlinie geladen und von da aus wird in das Gefäß an der Ziellinie gezielt
- als Eiswürfel – witzig und echt erfrischend ist es auch, wenn gefrorenes Wasser, also Eiswürfel transportiert werden. Dieser Transport kann an ziemlich unterschiedlichen Stellen des Körpers erfolgen, z.B. in der Hand, im Nacken, unter die Arme geklemmt, zwischen die Knie geklemmt usw.

Ballonboxen

An einen Ast wird ein großer, mit Wasser gefüllter Ballon gehängt. Zwei Mitspieler stehen sich gegenüber und der Ballon hängt zwischen ihnen. Nun boxen beide auf den Ballon ein und versuchen, durch das Boxen den anderen zu treffen und wenn möglich sogar nass zu machen.

Wasserleitung bauen

Mehrere kleine Gruppen spielen gegeneinander. Jede Gruppe erhält ca. 50 Trinkröhrchen und hat die Aufgabe, daraus eine Wasserleitung zu bauen. Diese Leitung wird auch getestet, indem 1 Liter Wasser eingefüllt wird. Kommt wirklich das ganze Wasser am Ende der Leitung an?

Wasserbombenkampf

Jedem Kind wird eine Wasserbombe auf den Rücken gehängt. Nun müssen die Kinder versuchen, die Wasserbombe bei einem anderen Kind kaputtzumachen und die eigene Wasserbombe zu schützen. Gewinner ist, wer als Letzter eine ganze Wasserbombe hat und damit nicht nass ist.

Spiele im Schwimmbad

Laufspiele im Wasser

Ganz normale Kreisspiele, die sonst auf der Wiese gespielt werden, können natürlich auch ins Wasser verlegt werden. Besonders gut eignen sich dazu „Eins, zwei, drei, ins faule Ei" oder „Komm mit, lauf weg". Sie können im Nichtschwimmerbereich gespielt werden oder bei geübten Schwimmern auch im tiefen Wasser.

Tauchspiele

Im Wasser werden verschiedene Süßigkeiten versenkt. Dazu muss man an eingepackte Süßigkeiten (z.B. Mini-Gummibärchen-Tüten, Schokoriegel usw.) kleine Steine binden. Diese müssen nun vom Boden des Beckens nach oben geholt werden. Wer schafft in einer bestimmten Zeit die meisten? Man kann das Spiel auch noch schwieriger gestalten, wenn man die Spieler in Mannschaften einteilt und jede Mannschaft nur nach einer bestimmten Sorte von Süßigkeiten tauchen darf.

Tauziehen

Das altbekannte Spiel Tauziehen kann man ganz unkompliziert im Wasser durchführen. Hier ist es möglich, das Spiel in verschiedenen Schwierigkeitsstufen zu spielen, zuerst im flachen Wasser, dann im brusttiefen Wasser und zum Schluss im Schwimmerbereich. Tauziehen kann auch am Beckenrand gespielt werden. Die beiden Mannschaften stehen an zwei gegenüberliegenden Rändern des Pools und das Seil hängt über dem Becken. Auf ein Startkommando beginnt der Wettkampf. Vorsicht: Bei dieser Variante besteht eine erhöhte Verletzungsgefahr! Das Tauziehen kann natürlich auch so durchgeführt werden, dass die Mannschaften auf Luftmatratzen sitzen und die gegnerische Mannschaft an den Beckenrand gezogen werden muss.

Schwimmstaffeln

Hier werden wieder zwei Mannschaften gebildet, die gegeneinander kämpfen. Sie müssen jeweils eine bestimmte Strecke im Wasser zurücklegen, dabei werden verschiedene Schwierigkeiten eingebaut, z.B.

- unterwegs einen Apfel essen
- einen Ball vor sich herschieben, ohne dass die Hände den Ball berühren
- eine brennende Kerze transportieren
- ein Blatt Papier mitnehmen, das nicht nass werden darf
- zwei Spieler werden an einem Bein zusammengebunden
- ein Spieler hält sich mit den Händen an den Knöcheln eines anderen fest
- die gesamte Mannschaft sitzt auf einer Luftmatratze

Wasserschlange fangen

Zwei Mannschaften fassen sich an den Schultern und spielen gegeneinander. Diese zwei Mannschaften sind zwei Wasserschlangen. Der Kopf der einen Schlange, also der erste Spieler, muss versuchen, den Schwanz der anderen Schlange, also den letzten Spieler zu fangen. Sobald das passiert ist, hat eine Schlange gewonnen.

Große Welle

Die Spieler stehen sich im bauchtiefen Wasser in zwei Reihen gegenüber und fassen sich an den Händen. Ein Kind legt sich zwischen die Reihen auf die ausgestreckten Arme. Nun müssen alle Kinder mit ihren Armen Wellenbewegungen machen, und zwar so, dass das Kind, das in der Mitte liegt, immer weiter nach vorn gespült wird. Wenn es ganz vorn ist, ist der nächste Spieler an der Reihe und darf sich von der großen Welle nach vorn spülen lassen.

Abendprogramm:

Weihnachten - Das Weihnachtslabyrinth

Vorbereitung

Es muss ein Spielplan gebaut oder gemalt werden, der aus 7 x 7 quadratischen Feldern besteht. Je größer der Plan ist, desto besser wirkt das Spiel:

Entweder man fertigt das Spielfeld aus einem Stück (z.B. einer Abdeckplane aus dem Baumarkt) oder man klebt die einzelnen Felder auf den Boden. Die Felder des Spielplans sollen so groß sein, dass eine Person darauf stehen kann, also mindestens 30 x 30 cm.

Auf dem Spielfeld befinden sich fünf Startfelder und 12 Motivfelder. Die Hälfte der Motivfelder ist farblich anders hinterlegt. Außerdem benötigt jede Gruppe noch zwei Platten in der Größe der einzelnen Spielfelder, am besten aus Sperrholz. Diese Platten müssen farblich unterschiedlich gestaltet sein, damit sie den einzelnen Gruppen zugeordnet werden können. Diese Platten dienen dazu, die Wege durch das Labyrinth zu legen. Auf einer Platte ist eine Wegkreuzung gekennzeichnet und auf der anderen Platte ein gerader Weg.

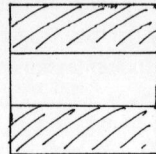 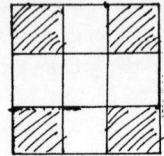

Außerdem müssen die Teilnehmer in fünf Gruppen eingeteilt werden, die mindestens aus drei Spielern bestehen.

Spielablauf

Ein Mitspieler jeder Gruppe ist die Spielfigur und begibt sich auf ein Startfeld. Er muss mit Hilfe der Straßenplatten versuchen, alle Motivfelder zu erreichen und am Schluss wieder auf das Startfeld zu gelangen. Seine Gruppe darf ihn dabei unterstützen.

Beim ersten Zug werden beide Platten gelegt und auf diesem entstandenen Weg wird gegangen. Dann ist die nächste Gruppe an der Reihe. Beim nächsten Zug nimmt der Spieler eine seiner Platten (nicht die, auf der die Spielfigur steht) und legt sie so an, dass er seinen Weg weitergehen kann. Dabei kann er natürlich durch geschicktes Taktieren die Wege der anderen Gruppen versperren und auch die Platten der anderen Gruppen mit einbeziehen.

Nach jedem Zug gibt es zwei Möglichkeiten:

- Die Figur steht auf einem Straßenteil, dann passiert gar nichts.
- Die Figur steht auf einem Motiv, dann wird die Aktion durchgeführt, die mit diesem Motiv verbunden ist (siehe unten).

Bei Aktionsfeldern, die nicht farblich hinterlegt sind, wird die Aktion durchgeführt, wenn die erste Gruppe das entsprechende Feld erreicht; bei den farblich hinterlegten Feldern wird die Aktion durchgeführt, wenn die letzte Gruppe das Feld erreicht.

Motive

Kerze   Spiel: Welche Gruppe zündet mit einem Streichholz die meisten Kerzen an?

Stern   Liederrätsel: Es werden Textzeilen aus bekannten Weihnachtsliedern gesagt und alle müssen raten, aus welchem Lied diese Zeile ist. Beispiele: Aus einer Wurzel zart – Es ist ein Ros entsprungen; Gottes Sohn, oh wie lacht - Stille Nacht.

Krippe   Wir starten ein Stegreifkrippenspiel: An alle Kinder werden Rollen verteilt, Maria und Josef, die Hirten usw. Ohne Proben wird die Weihnachtsgeschichte von den Kindern gespielt. Dabei geht es nicht um schauspielerische Qualität, sondern darum, dass die Kinder die Geschichte erleben.

Schneeflocke   Jede Gruppe erhält 20 Blatt weißes Papier, muss daraus Schneebälle knüllen und dann von einer Startlinie aus in ein Gefäß werfen.

Kreuz   Jede Gruppe nennt eine Antwort auf die Frage: Was hat das Kreuz mit der Krippe zu tun?

Schaf   Schafe kommen in der Weihnachtsgeschichte vor. Aber kennen wir diese Geschichte auch genau? Die Weihnachtsgeschichte wird mit Fehlern vorgelesen. Welche Gruppe findet am meisten Fehler?

Engel   Sie singen, deshalb singen wir jetzt gemeinsam ein Lied.

Geschenk   Jedes Kind erhält ein kleines Geschenk, z.B. eine Süßigkeit. Die Geschenke sind aber im gesamten Haus versteckt und müssen von den Kindern gesucht werden.

Baum   Jede Gruppe hat fünf Minuten Zeit und bekommt zehn Blatt farbiges Papier, eine Schere und einen Leimstift. Daraus muss sie nun Weihnachtsbaumschmuck basteln.

Weihnachtsbaumkugel Die Kugel ist rund, deshalb geht es jetzt rund. Es wird ein Buchstabe genannt und die Gruppen müssen innerhalb von zwei Minuten möglichst viele Gegenstände finden, die mit diesem Buchstaben beginnen.

Adventskranz   Unter dem Adventskranz haben wir Zeit zur Besinnung. Wir setzen uns zusammen und es wird eine Weihnachtsgeschichte vorgelesen.

Nussknacker   Jetzt haben wir eine kurze Pause verdient. Es gibt Nüsse oder etwas anderes zu essen für alle.

Bewertung

Wer als Erster auf ein Motivfeld kommt, bekommt fünf Punkte, der Nächste vier usw. Außerdem erfolgt bei manchen Spielen eine Punktwertung. Wer zuerst wieder auf seinem Startfeld angekommen ist, erhält zehn Punkte, der Zweite acht usw. Gewonnen hat natürlich die Gruppe mit den meisten Punkten.

Familiengottesdienst: Erntedankfest
Lukas 17,11-19

Ziel
Die Teilnehmer sollen für das Thema Dankbarkeit sensibilisiert werden.

Gedanken zum Bibeltext
Aussatz war zur Zeit Jesu eine unheilbare Krankheit. Deswegen mussten die Menschen abgesondert leben. Sobald sich ihnen ein anderer Mensch näherte, mussten sie durch Rufen und durch das Schlagen von kastagnettenartigen Holzinstrumenten auf sich aufmerksam machen, damit die andere Person der Ansteckungsgefahr entgehen konnte. Die Aussätzigen riefen Jesus aus der Ferne zu. Sie redeten ihn mit Namen und Titel an und baten ihn um Hilfe. Er schickte sie zu den Priestern, die ihre Heilung bestätigen sollten. Im Glauben daran, dass sie bei der Ankunft beim Priester gesund sind, gingen sie weg. Nur einer kam zurück, ein Samariter. Indem er sich zum Dank vor Jesus niederkniete, bezeugte er: Ich gehöre zu dir. Diese Haltung bestätigt Jesus mit den abschließenden Worten.

Ablauf
Vorn im Raum ist ein kleiner Erntedankaltar aufgebaut. Auf diesem Altar liegen Früchte und andere Dinge, für die man dankbar sein kann, z.B. Spielzeug, Bild einer Familie usw. Davor liegt ein großer, runder, gelber Kreis, der im Laufe des Gottesdienstes zu einer Dank-Sonne vervollständigt wird. Es müssen also noch genügend gelbe Streifen vorhanden sein, die dann als Sonnenstrahlen an dem gelben Kreis angebracht werden.

Einstieg – Dank-Sonne
Zu Beginn werden elf Kinder nach vorn geholt, die jeweils einen Buchstaben des Wortes DANKBARKEIT erhalten. Sie haben zunächst die Aufgabe, aus diesen Buchstaben, die in ungeordneter Reihenfolge ausgeteilt werden, ein Wort zu bilden, also Dankbarkeit. Nun muss jedes Kind noch eine Sache sagen, für die es dankbar sein kann. Diese Sache muss mit dem jeweiligen Buchstaben anfangen.

Nun folgt ein Rückblick auf die Wochenendfreizeit. Die Teilnehmer nennen Dinge der Freizeit, für die sie danke sagen können. Diese Dinge werden auf die gelben Streifen geschrieben und als Sonnenstrahlen an den gelben Kreis geheftet.

Geschichte

Dann wird die Geschichte von den zehn Aussätzigen mit Hilfe von Lebensmitteln erzählt. Dazu benötigt man zehn Äpfel, die leichte Faulstellen haben, einen gut aussehenden Apfel und eine andere Frucht.

Die zehn Äpfel mit Faulstellen liegen auf dem Tisch.
Nun wird erzählt:
Hier sind zehn Männer. Sie sind krank. Sie haben Aussatz, eine schlimme Hautkrankheit. Man sieht es an den Stellen hier. Diese Männer lebten vor ca. 2000 Jahren in Israel. Die Krankheit war ansteckend. Sie mussten sich deshalb weit weg von den anderen Menschen aufhalten. Wenn irgendjemand in ihre Nähe kam, dann mussten sie laut rufen: „Wir sind aussätzig!" *(Das wird nun mit den Äpfeln vorgespielt.)* Unter den Männern ging plötzlich ein Gerücht um: Sie hatten gehört, dass Jesus kommen würde, der sie vielleicht gesund machen konnte. *(Es wird mit den Äpfeln gespielt, dass sie miteinander reden.)* Und tatsächlich, Jesus kam in ihre Gegend. *(Die andere Frucht wird dazugestellt.)* Sie riefen ihm schon von weitem zu: „Jesus, hilf uns! Mach uns gesund!" Jesus kam zu ihnen und sagte: „Geht zu den Priestern. Sie sollen feststellen, ob ihr wieder gesund seid." So war das damals, da waren die Priester auch die zuständige Gesundheitsbehörde, die feststellen und prüfen musste, ob die Menschen gesund oder krank waren. So gingen die Männer zu den Priestern. *(Die Äpfel werden weggeräumt.)* Alle Männer wurden gesund.
(Die Frucht für Jesus liegt noch auf dem Tisch. Und ein neuer gut aussehender Apfel wird dazugelegt.) Der Apfel sagt: „Wir sind alle gesund geworden. Ich möchte dir ganz herzlich dafür danke sagen." Jesus antwortet: „Seid ihr nicht zehn Aussätzige gewesen? Du kommst allein. Wo sind denn die anderen neun? Wollen sie nicht Gott die Ehre geben? Du bist gekommen. Es ist gut, dass du gekommen bist und danke gesagt hast. Nun steh auf und geh nach Hause. Dein Glaube hat dir geholfen."

Zusammenfassung

Nach einem Lied, z.B. „Danke für diesen guten Morgen", folgt eine kurze Zusammenfassung:
Einer ist gekommen und hat danke gesagt. Warum nur einer? Die anderen neun haben sich sicherlich genauso gefreut, aber sie haben in ihrer Freude

den vergessen, dem sie ihre Gesundheit zu verdanken haben - Jesus.

Uns geht es heute oft genauso. Wir freuen uns über viele Dinge und vergessen dabei den, der der Grund für unsere Freude ist. Dabei haben wir genug Grund, immer wieder Gott für alle Dinge zu danken.

Dank-Armband

Nun kann sich jeder Teilnehmer noch ein Dank-Armband als Dank-Erinnerung basteln. Jeder erhält dazu ein dünnes Lederband und vier verschiedenfarbige Holzperlen. Die Perlen stehen für verschiedene Dankanliegen:

- rote Perle – Dank für Gottes Liebe zu uns. Dank für alles, das Gott für mich tut.
- grüne Perle – Dank für alles, das mit Menschen zu tun hat und trotzdem von Gott kommt, Freunde usw.
- gelbe Perle – Dank für alle schönen Dinge, die mich froh machen.
- schwarze Perle – Dank dafür, dass Gott auch in dunklen Situationen für mich da ist.

Nun werden zu diesen Dingen noch konkrete Dank-Anliegen genannt, die auf die Sonnenstrahlen geschrieben und an der Sonne befestigt werden.

Der Gottesdienst endet mit einem großen Dank-Gebet, bei dem die Anliegen auf der Dank-Sonne noch einmal aufgegriffen werden.

LASS DICH ÜBERRASCHEN!

Bei dieser Wochenendfreizeit ist das genaue Programm vorher nicht bekannt. Um die Spannung für die Teilnehmer zu erhöhen, werden einige Programmelemente eingebaut, mit denen sie in dieser Form nicht gerechnet hätten, z.B. statt des üblichen Begrüßungsabends mit Spielen eine besondere Kennenlernrunde.

Es kann am Überraschungswochenende auch einige Abläufe geben, die den normalen Ablauf stark verändern. Man kann den Samstag z.B. als Rückwärtstag gestalten. Das heißt es finden ganz normal alle Programmpunkte statt, aber in umgekehrter Reihenfolge. Oder man kann jeweils den nächsten Tagesordnungspunkt auslosen. So kann es dann vorkommen, dass das Abendprogramm schon am Vormittag stattfindet.

Begrüßungsabend

Ziel
Die Teilnehmer lernen sich während des Abends näher und intensiver kennen.

Ablauf
Zu Beginn erhält jeder ein Blatt, auf dem eine Uhr abgebildet ist. Nun muss jeder herumgehen und zu jeder Ziffer ein Treffen mit einem anderen Teilnehmer ausmachen. (Beispiel: Klaus will sich um drei mit Anne treffen. Dann schreibt Klaus auf sein Blatt bei der drei „Anne" und Anne schreibt auf ihr Blatt an dieser Stelle „Klaus".) Das geht so lange, bis jeder bei jeder Ziffer einen anderen Namen stehen hat. Bei der Durchführung des Spieles sollte man darauf achten, dass diese Vorbereitungsphase nicht zu lange dauert.

Hat jeder seinen Zettel ausgefüllt, geht es richtig los. Ein Startzeichen ertönt und alle Paare, die bei eins eingetragen sind, treffen sich. Sie haben nun genau fünf Minuten Zeit sich gegenseitig kennen zu lernen. Nach fünf Minuten ertönt ein erneutes Signal und neue Paare treffen sich (alle, die bei zwei ein Treffen vereinbart haben). So geht es im Fünf-Minuten-Takt weiter.

Nach einer Stunde hat man sich mit zwölf interessanten Menschen unterhalten.

Um das Gespräch in Gang zu bringen, kann man einige Fragen vorgeben, über die sich die Teilnehmer austauschen können, z.B.: Warum bist du auf die Freizeit gefahren? Welches Ereignis hat dich in letzter Zeit besonders überrascht? usw.

Nachtaktion 1: Das überraschende Ziel

Es wird eine Nachtwanderung durchgeführt. Vorher wird den Teilnehmern ganz geheimnisvoll gesagt, wohin es geht. Diese Information wird nicht offiziell gesagt, sondern nur als Gerücht angekündigt.

Das Ziel der Nachtwanderung ist z.B. das Waldschloss. Am Ende der Wanderung ist nicht ein Schloss, wie es sich die Kinder vorstellen, sondern ein Vorhängeschloss, das im Wald an einem Baum hängt.

Nachtaktion 2: Nachtwanderung mit Überraschungen

Es wird eine Nachtwanderung durchgeführt, bei der eine oder mehrere positive Überraschungen passieren. Es geht um positive Überraschungen, also nicht darum, die Teilnehmer zu erschrecken oder zum Gruseln zu bringen, sondern Elemente zu gestalten, die die Kinder wirklich überraschen. Einige Beispiele:

- Im Wald ist eine Minibar aufgebaut, an der die Kinder einen Cocktail erhalten.
- Es wird ein Minifeuerwerk abgebrannt. (Einige einfache Feuerwerksartikel gibt es das ganze Jahr über zu kaufen.)
- Der Weihnachtsmann kommt aus dem Wald und verteilt Geschenke.

Bibelarbeit 1: Lass dich überraschen – ein Tag mit Gott
Psalm 139

Ziel
Die Kinder sollen verstehen, dass Gott in allen Lebenslagen bei ihnen ist.

Gedanken zum Bibeltext
Der Psalm 139 beschäftigt sich intensiv mit dem Verhältnis des Geschöpfes

zu Gott. Dieser Psalm gehört in die Gruppe der Loblieder bzw. der Vertrauenslieder, die in unterschiedlicher Art und Weise das Verhältnis des Psalmbeters zu Gott ausdrücken. Das Grundmotiv des Psalms ist: Gott kennt mich und er sieht mich. Dieser Grundgedanke wird in verschiedenen Themenkreisen entfaltet, vertieft und reflektiert.

Der Psalmist erkennt über diesen Gedanken seinen Schöpfer und sein Geschaffensein. Gott stellt sich zu den Menschen, indem er immer für sie da ist.

Hinweise zur Durchführung

Vorn, für alle Teilnehmer gut sichtbar, hängt eine große Uhr. Das kann eine richtige Uhr sein oder eine selbstgebaute aus Pappe. Wichtig an der Uhr ist, dass man ihre Zeiger bewegen kann. An der Uhr werden verschiedene Zeiten eingestellt, bei denen unterschiedliche Aktionen durchgeführt werden. Dadurch sollen die Kinder erkennen, dass Gott bei allem, das getan wird, und zu allen Zeiten für sie da ist.

Der Psalm kann von manchen Kindern auch sehr negativ gesehen werden, so, dass immer jemand da ist, der einen überwacht. Auf Einwände in diese Richtung sollte man vorbereitet sein, sie nicht unterdrücken, aber den Kindern ein positives Gottesbild vermitteln.

Verkündigung im Plenum

Einstiegsfrage: Wie sieht euer Tag aus? Was macht ihr wann?
Einige Kinder können kurz von einem normalen Tagesablauf berichten.

Danach wird den Kindern erzählt, dass wir uns gemeinsam einen Tagesablauf anschauen wollen und dann sehen können, wo Gott dabei ist.
Mit Hilfe der Uhr wird nun ein Tag durchgesprochen. Die Zeiger werden auf eine Uhrzeit gestellt und dann wird überlegt, was zu dieser Zeit passiert.
Zu einigen Zeiten folgt eine kurze Unterbrechung, bei der eine Aktion durchgeführt wird.

Aufstehen – Spiel: Wecker suchen

Ein Kind muss den Raum verlassen. Die anderen verstecken in der Zwischenzeit einen laut tickenden Wecker. Der Spieler, der den Raum verlassen musste, darf wiederkommen und muss nun den Wecker suchen. Dabei muss es ganz leise sein, damit das Ticken des Weckers auch zu hören ist.

Frühstück

Es gibt einen kleinen Snack für jedes Kind.

Schule

Wir lernen das Abc. Es ist ein besonderes Abc: das Freuden-Abc.

Dazu werden alle Buchstaben des Alphabetes untereinander geschrieben und die Kinder müssen für jeden Buchstaben etwas finden, über das sie sich freuen können. Beispiele:

A – Apfelkuchen

B – Bibel

C – Christus

D - ...

Andacht

Nun folgt der erste Andachtsteil.

Wir schauen uns heute einen Psalm an, in dem viele überraschende Dinge zum Freuen stehen.

Psalm 139,1-6 wird gelesen.

<u>Thema: Ich freue mich, weil Gott alles weiß</u>

Es wird ganz kurz erzählt, dass dieser Psalm von David geschrieben wurde, und es werden einige Stationen aus seinem Leben skizziert (Berufung – Kampf gegen Goliath – er wird König). Er hat viel erlebt. Manchmal merkte er ganz direkt, wie Gott in sein Leben eingegriffen hat, und manchmal bemerkt er es erst viel später. Manchmal ist es gut, dass Gott alles weiß, und manchmal ist es David sicherlich auch peinlich, denn er hat immer wieder einiges getan und erlebt, das nicht Gottes Ordnungen entsprach. Trotzdem weiß er, dass Gott da ist, und das ist gut für ihn.

Auch bei uns ist es so. Manche Dinge sagen und zeigen wir Gott gern und bei anderen Dingen fällt uns das ziemlich schwer. Trotzdem können wir uns darüber freuen, dass Gott alles weiß. Wir können ihm alles sagen und er kann uns von dem befreien, das uns fertig macht und das wir vor ihm verstecken wollen.

Auf eine Tafel werden verschiedene Dinge geschrieben, die man am liebsten vor Gott verstecken würde, z.B. Lüge, Streit, Ungehorsam, Neid usw. Dann werden diese Worte abgewischt. So macht es Gott. Er nimmt alles weg, was verkehrt ist, wenn man es ihm sagt.

Mittagspause  Abendessen

Was macht ihr alles in dieser Zeit? Spielen, essen, Hausaufgaben ...

Manche dieser Sachen machen wir gerne und vor machen würden wir lieber weglaufen, z.B. vor den Hausaufgaben oder vor den Aufgaben, die wir zu Hause haben, oder davor, die Note des Diktats zu Hause zu zeigen. Das geht aber nicht und genauso kann ich auch nicht vor Gott fliehen. Er ist immer für mich da.

Zusammenfassend zu diesen Gedanken wird Psalm 139,7-12 gelesen: Ich freue mich, dass ich nicht vor Gott fliehen kann.

Nachmittags ist Zeit zum Spielen *und sich mit Freunden zu treffen – Spiel: Nachricht für meine Freunde*

Die Kinder werden in Teams eingeteilt. Für jedes Team wird ein Mitarbeiter benötigt. Auf ein Startkommando läuft das erste Kind der Gruppe zu seinem Mitarbeiter. Der flüstert dem Kind einen Auftrag ins Ohr. Nun läuft das Kind zur Gruppe zurück und flüstert den Auftrag dem nächsten Kind ins Ohr. Das muss nun den Auftrag ausführen und dann zum Mitarbeiter laufen, wo es nach richtig erfüllter Aufgabe einen neuen Auftrag erhält. Das Spiel geht so lange, bis alle Mitspieler eine Nachricht weitergegeben und ausgeführt haben. Gewonnen hat die Gruppe, die das zuerst schafft.

Mögliche Nachrichten können sein: Sage dem Mitarbeiter einen Bibelvers! Zähle die Personen, die sich im Raum befinden! Bringe dem Mitarbeiter eine Pflanze!

Dieses Spiel gelingt nur, wenn alle zusammenarbeiten und sich gegenseitig unterstützen. Das geht natürlich am besten bei Freunden.

Gott will auch mein Freund sein, mich unterstützen und mir helfen. Er kennt mich. Er weiß, wer ich bin.

<u>Aktion:</u> Jedes Kind schaut sich nun seinen Nachbarn an und sagt ihm drei Dinge, die etwas Besonderes an ihm sind.

Das geht nur, wenn wir den anderen kennen. Gott kennt uns, er weiß viele meiner Besonderheiten, die guten und die schlechten. Er kennt meine Schokoladenseiten und meine Macken. Aber gerade das ist ein Grund zur Freude: Ich freue mich, weil Gott mich persönlich kennt.

Zusammenfassend wird Psalm 139,13-16 gelesen.

Snack

Abendessen *– Die ganze Familie sitzt zusammen am Tisch und wir können über alles reden, was an diesem Tag passiert ist*

So können wir auch mit Gott über alles reden. Der Psalmbeter tut das auch. Und das ist ein großer Grund zur Freude: Wir freuen uns, weil wir ihm alles sagen dürfen.

→ Film

Wir lesen Psalm 139,17-18 und 23-24.

Darin beschreibt der Psalmbeter auch, dass er Gott nicht immer verstehen und begreifen kann. Ich kann auch andere Dinge nicht wirklich verstehen und begreifen. Ich gebe mir Mühe, um zu verstehen wie das Internet funktioniert, aber richtig erklären kann ich es nicht. Aber ich merke, dass es das Internet gibt. Es kann mir eine Hilfe sein, wenn ich zu einem bestimmten Thema etwas suche. Ich kann Gott nicht immer verstehen, aber er ist da und hilft mir.

Am Abend haben wir noch Zeit, um über den Tag zu reden. Das tun wir nun noch und vertiefen den Psalm in kleinen Gruppen.

Vertiefung in Kleingruppen

Wir starten mit einem Experiment: Zwei Kinder sitzen sich am Tisch gegenüber und in der Mitte liegt ein Wattebällchen. Auf ein Kommando hin versuchen sie, die Watte auf der anderen Seite vom Tisch zu pusten. Das wird einem Spieler ziemlich schnell gelingen. Dann folgt die zweite Runde, bei der ein Glas über die Watte gestülpt wird. Nun geht es nicht mehr so einfach, die Watte ist vor dem Sturm geschützt. So möchte uns Gott auch schützen. Er schirmt uns nicht immer vor allem ab, ist aber immer für uns da.

Nun bekommen die Kinder einen Zettel, auf den sie ihren persönlichen Tagesplan schreiben sollen. Dann lesen wir gemeinsam noch einmal den Psalm und unterhalten uns über folgende Fragen:

- Wo kommt Gott bei mir in meinem Alltag vor?
- Wo laufe ich vor Gott weg?
- Will ich ihn wirklich dabeihaben?

Zum Abschluss darf sich jedes Kind noch einen Psalmvers heraussuchen und ihn in den Alltag übersetzen, zum Beispiel Psalm 139,3: Ich gehe in die Schule und wieder nach Hause. Ich sitze genervt in meinem Zimmer und freue mich über den Telefonanruf meiner Freundin. Das alles siehst du. Du siehst mich.

Diese persönlichen Psalmenverse lesen wir uns gegenseitig vor.

Bibelarbeit 2: Lass dich überraschen - Ein Weg mit Gott
Psalm 121

Ziel

Die Kinder sollen verstehen, dass sie keine Wegstrecke ihres Lebens ohne Gott gehen müssen.

Gedanken zum Bibeltext

Der Psalm ist ein Wallfahrtslied, das vermutlich ursprünglich von den Pilgern auf dem Weg zum Tempel oder auf dem Weg nach Hause gesungen wurde. Die Frage im Vers 1 macht aber schon deutlich, dass daraus ein liturgischer Gesang entstanden ist, bei dem Priester und Pilger in einen Wechselgesang eintreten konnten. Die Antwort, die zuerst gegeben wird – „Meine Hilfe kommt vom Herrn, der Himmel und Erde gemacht hat" -, fasst den gesamten Psalm zusammen. Die folgenden Verse zeigen noch detailliert Situationen auf, wie die Hilfe des Herrn praktisch erlebt und erfahren werden kann. Mit einem Segensvers schließt der Psalm.

Ablauf

Es geht im Psalm sehr oft um das Wort „behüten". Deshalb sind ganz viele Hüte als Dekoration aufgebaut. Das können alle möglichen Hüte sein: Bauhelm, gefalteter Hut aus Zeitungspapier, Zylinder, Sturzhelm, Basecap usw. Von jeder Sorte muss es mehrere Hüte geben.

Verkündigung im Plenum

Einstiegsspiel

Wir starten mit einem Hutspiel. Dazu sucht sich jedes Kind einen Hut aus den Hüten aus, die zur Dekoration aufgebaut sind, und setzt ihn auf. Danach verlässt ein Kind den Raum und die anderen bestimmen eine Hutart, die in dieser Spielrunde behütet, z.B. alle Helme, alle Basecaps ... Dann wird der Spieler hereingeholt und muss herausfinden, welcher Hut wirklich behütet. Dazu tippt er einen Spieler an; lässt der den Hut auf dem Kopf, ist das einer von den Hüten, die behüten. Wird der Hut abgesetzt, gehört er nicht zu dieser Kategorie. Das Kind hat drei Versuche. Danach muss es sagen, welche Hutsorte in dieser Runde wirklich behütet.

Danach kommt ein Pilger herein (Decke als Umhang) und erzählt seine Geschichte:
Ich komme aus Galiläa. Dort lebe ich. Manchmal ist es ziemlich langweilig. Jeden Tag das Gleiche. Ich habe ein Feld. Ich pflüge, ich lese Steine aus, ich säe und ich ernte. Ich versorge mein Vieh. Mein Leben hat keine Höhepunkte. Alles geht seinen Alltagstrott.
Aber einmal im Jahr ist es soweit und ich freue mich jedes Jahr wieder lange vorher darauf. Einmal im Jahr pilgere ich nach Jerusalem. Ich darf im Tempel das große Fest mitfeiern. Da bin ich jetzt hier, auf dem Platz vor dem Tempel. Ein Jahr habe ich gearbeitet, bis meine Pilgerreise wieder losging. Und

dann der beschwerliche Weg durch die Berge. Ich hatte Angst vor Räubern und wilden Tieren. Aber es ging alles gut. Die Mühe hat sich gelohnt. Das Fest war toll. Wir haben Gottesdienst gefeiert, wir haben Gott gelobt und ich habe viele Freunde getroffen und mich lange mit ihnen unterhalten. Das ist nun schon wieder vorbei. Heute ist der letzte Abend. Morgen früh geht es los. Ich muss wieder nach Hause. Da ist wieder der gefahrvolle Weg durch die Berge und zu Hause ist wieder der mühevolle Alltag. Ich habe keine Lust.

Er schaut traurig in die Ferne und sagt: Woher bekomme ich Hilfe?

Da tritt von hinten ein Mann auf ihn zu, legt einen Arm um seine Schulter und sagt: Meine Hilfe kommt vom Herrn, der Himmel und Erde gemacht hat. *Nach einer kurzen Weile geht er wieder weg.*

Der Pilger sagt: Ja, das sind Mut machende Worte. Die werden mich auf meinem schwierigen Nachhauseweg begleiten.

Der Pilger geht.

Ein Mitarbeiter geht nach vorn und erklärt die Situation:

Die Worte, die den Pilger begleitet haben, sind zu einem Lied geworden, das danach noch viele Pilger auf ihrem Weg nach Jerusalem begleitet hat und natürlich auch wieder auf dem Weg zurück nach Hause. Es ist so bekannt geworden, dass wir es heute noch in einem Liederbuch nachlesen können, im Psalter, dem Liederbuch der Bibel.

Nun wird Psalm 121 gelesen.

Danach wird der Psalm noch einmal durchgegangen und zu jedem Vers ein Symbol gezeigt und der Vers kurz erklärt:

Vers 1 – **Fragezeichen**: Die Angst der Pilger steht hinter dieser Frage. Ein schwieriger Weg liegt vor ihnen. Werden sie diesen Weg unbeschadet gehen können?

Vers 2 – **Dreieck** als Zeichen für Gott: Gott, der so stark und gewaltig ist, dass er sogar Himmel und Erde erschaffen hat, der alles in seiner Hand hat, der wird auch diesem einen Menschen helfen und ihn in seiner Hand halten.

Vers 3 – **Fuß**: Es gibt schwierige Wege auf dem Pilgerpfad, Steine, Geröll, Abhänge usw. Bei allen diesen Wegen ist Gott dabei.

Vers 4 – **Hut**: Gott ist der Hüter, er behütet dich. So wie ein Hirte seine Schafe hütet, so passt Gott auf dich auf.

Vers 5 – **rechte Hand**: Die rechte Hand ist ein ganz wichtiges Körperteil, weil die meisten Menschen mit ihr sehr viel tun. Ohne die Hand - und insbesondere die rechte Hand - sind wir sehr eingeschränkt. Der zweite Gedanke in diesem Vers ist, dass Gott immer dabei ist. Er ist wie ein Schatten, vor dem man nicht davonlaufen kann.

Vers 6 – **Sonne und Mond**: Egal, was für eine Tageszeit ist, egal, ob der Pilger der Sommerhitze oder der Kälte der Nacht ausgesetzt ist: Gott ist da.

Vers 7 – **Mensch**: Der Begriff „Seele" steht für den Menschen als Ganzes, mit allem, was zum Menschsein dazugehört, mit dem Körper, den Gefühlen und Gedanken. Gott kümmert sich also ganz um den Menschen.

Vers 8 – **Tür**: Egal, wo man hingeht, ob der Pilger nach Jerusalem hereinkommt oder hinausgeht: Gott geht mit.

Vertiefung in Kleingruppen

Einstiegsspiel: Einen Weg gehen
Es wird ein Hindernisparcours aufgebaut. Mit Stricken wird eine bestimmte Wegstrecke markiert und in diese Strecke werden Hindernisse eingebaut. Die Hindernisse können große Steine oder Stühle sein. Es kann auch eine ganz enge Stelle eingebaut werden. Verschiedene Kinder können die Wegstrecke auf unterschiedliche Art und Weise gehen, ganz normal, mit verbundenen Augen, ein anderes Kind hilft usw.

Dann folgt die Übertragung auf die Situation der Kinder: Wir sind am sichersten, wenn uns einer auf dem schwierigen Weg hilft.

Die Symbole der Plenumsverkündigung werden noch einmal hochgehalten und wir überlegen gemeinsam, was sie für uns heute bedeuten:

Fragezeichen: Wo brauche ich heute Hilfe? Wo habe ich Angst?
Dreieck: Gott ist bei mir. Er hat vor vielen Jahren Himmel und Erde erschaffen, er war den Pilgern nah und ist auch heute noch bei mir.
Fuß: Auf meinem Weg sind heute andere Hindernisse als bei den Pilgern damals, trotzdem führt mich Gott auf meinem Weg.
Hut: Gott ist nicht eingeschlafen. Er ist wach und behütet mich immer. Er hat keine Öffnungszeiten. Ich darf immer zu ihm kommen.
rechte Hand: Ich kann vor Gott nicht davonlaufen, auch wenn ich es manchmal gerne will.
Sonne und Mond: Zu allen Tageszeiten ist Gott für mich da.

Mensch: Gott kümmert sich um mich als ganzen Menschen, wenn ich krank bin, wenn ich traurig bin, wenn ich Gott lobe, wenn ich an ihm zweifle ...
Tür: Gott ist bei mir auf dieser Freizeit, auf dem Weg hierher und auch wenn ich wieder nach Hause fahre.

Zum Abschluss kann ein Mitarbeiter eine Geschichte aus seinem Leben erzählen, wo er erlebt hat, wie Gott ihn auf seinem eigenen Lebensweg begleitet und beschützt hat.

Nachmittagsprogramm:

Lass dich überraschen - der Fußballnachmittag

Fußball ist ein Thema, das viele Teilnehmer interessiert. Die Überraschung ist, dass es als Nachmittagsthema aufgegriffen und dass nicht nur Fußball gespielt wird. Natürlich kann nach den vorgeschlagenen Spielen und Aktionen noch ein Fußballturnier stattfinden. Das ist aber nicht zwangsläufig notwendig, da man sich mit dem Thema Fußball auch auf andere Art und Weise beschäftigen kann. Durch die verschiedenen Spiele werden auch diejenigen Teilnehmer mit in das Geschehen einbezogen, die keine Lust zum Fußballspielen haben.
Der gesamte Nachmittag ist ein Spielenachmittag, bei dem die Teilnehmer in Mannschaften gegeneinander spielen. Zuerst müssen die Teilnehmer also in Mannschaften eingeteilt werden.

Vorbereitung: Mannschafts-T-Shirt gestalten
Jedes Kind erhält ein weißes T-Shirt und Stoffmalfarben. Die Mannschaften haben nun die Aufgabe, ein T-Shirt zu gestalten. Die Mannschaft soll durch die T-Shirts als eine Einheit erkennbar sein, sie können also auf jedem T-Shirt ein Wappen, ein Symbol oder den Namen der Mannschaft gestalten. Außerdem sollte es noch die Möglichkeit geben, dass jeder einen Teil individuell gestalten kann, z.B. mit seinem Namen oder einem Symbol, das ihm besonders gefällt.
Achtung: Nachdem die T-Shirts bemalt worden sind, müssen sie gebügelt werden, damit beim Waschen oder auch beim Schwitzen die Farbe nicht abfärbt!

Dann ziehen alle ihre T-Shirts an und die Fußballspiele beginnen.

1. Siamesischer Fußball

Das Spiel wird wie ein normales Fußballspiel gespielt, nur dass immer zwei Spieler (einer Mannschaft) mit jeweils einem Bein zusammengebunden sind.

2. Fußballworte

Das Wort Fußball muss aus den Anfangsbuchstaben verschiedener Gegenstände gelegt werden.
Beispiel: Feder, Uhr, Schlüssel, Schuh, Buch, Anorak, Lederhose und Luftpumpe. Welche Mannschaft schafft das zuerst? Es können natürlich auch noch andere Begriffe auf diese Weise dargestellt werden.

3. Ball jonglieren

Hier kann jeder mit einem Fußball jonglieren. Wer schafft die meisten Ballberührungen? Diese Runde kann natürlich auch mit erhöhtem Schwierigkeitsgrad gespielt werden, z.B. nur Berührungen mit dem Kopf zählen, es müssen dabei die Hände in die Hosentaschen gesteckt werden oder anstatt des Fußballes wird ein Tischtennisball genommen.

4. Torwandschießen

Hier kann eine richtige Torwand gebaut werden, wie sie aus dem ZDF-Sportstudio bekannt ist. Es kann aber auch eine Minitorwand aus einer Sperrholzplatte gebaut werden. In diese Platte werden zwei Löcher gesägt, durch die dann ein Tischtennisball geschossen werden muss.

5. Balltransport

Es wird eine Hindernisstrecke aufgebaut, durch die der Ball mit dem Fuß gespielt werden muss. Es können zwei Mannschaften als Staffel gegeneinander antreten oder die Zeit jedes Teilnehmers wird gestoppt.

6. Balltransport am Körper

Für dieses Spiel benötigt man drei Fußbälle. Je ein Ball wird unter die beiden Arme geklemmt und ein dritter zwischen die Knie. Nun muss mit diesen drei Bällen am Körper eine bestimmte Strecke gegangen werden. Auch diese Runde kann als Staffel oder auf Zeit gespielt werden.

7. Tischfußball

Zwei Mannschaften stehen sich am Rand einer Tischtennisplatte oder eines großen Tisches gegenüber. Nun wird in die Mitte ein Ball eingeworfen und die Spieler müssen versuchen, den Ball durch Pusten auf der gegenüberliegenden Seite herunterfallen zu lassen. Dabei darf die Platte nicht mit dem Körper berührt werden.

8. Fußballquiz

Die Mannschaften stehen sich Rücken an Rücken gegenüber. Jeder Spieler bekommt eine Nummer. Es steht dann Nummer 2 von Mannschaft A Rücken an Rücken mit Nummer 2 von Mannschaft B. Auf der einen Seite der Mannschaften steht ein Stuhl, auf dem ein Zettel mit dem Wort „richtig" liegt und auf der anderen Seite steht ein Stuhl mit dem Zettel „falsch".

Nun werden Fragen oder Behauptungen und eine Nummer genannt. Die Spieler mit der entsprechenden Nummer müssen schnell zum richtigen Stuhl laufen und den Zettel hochheben. Die Mannschaft, die als erste den Zettel mit der richtigen Antwort hochhebt, bekommt einen Punkt.

Mögliche Fragen/Behauptungen

- Das Eröffnungsspiel der Fußball-WM 2006 fand in Berlin statt. falsch
- Der aktuelle Fußballweltmeister heißt Italien. richtig
- Die letzte Fußball-WM fand in Argentinien statt. falsch
- Der erste Fußballweltmeister war Uruguay. richtig
- Die Bundesligamannschaften von Borussia Dortmund und Schalke 04 spielen in dem gleichen Stadion. falsch
- Zum WM-Turnier 2010 in Südafrika werden insgesamt 68 Spiele ausgetragen. falsch
- Ein Fußballtor ist 2,44 m hoch. richtig
- Franz Beckenbauer spielte niemals bei Bayern München. falsch
- Die deutsche Fußballnationalmannschaft wurde zum ersten Mal 1952 Weltmeister. falsch
- In der Bibel ist an drei Stellen von Fußball die Rede. falsch

In den Nachmittag können noch weitere Überraschungen mit eingebaut werden, z.B.:

- Ein Fußball oder Autogrammkarten von bekannten Fußballern werden versteigert.
- Wir schauen uns gemeinsam die Sportschau an.

Abendprogramm:

Lass dich überraschen - der Überraschungsgast

Bei diesem Thema denken zuerst alle an einen wirklichen Überraschungsgast. Der wird im Laufe des Abends auch noch kommen, aber zuvor geht es in Spielen um Prominente, die die Überraschungsgäste sein könnten.

1. Prominente raten

Jedem Mitspieler wird ein Klebezettel auf den Rücken geklebt, auf dem der Name eines Prominenten steht. Nun muss jeder Teilnehmer den anderen Mitspielern Fragen zu seiner Person stellen. Diese Fragen dürfen aber nur mit Ja oder Nein beantwortet werden. Das Spiel geht solange, bis jeder seinen Namen herausgefunden hat.

2. Bilder raten

Aus Zeitschriften werden Bilder von Prominenten ausgeschnitten. Man braucht für ein Suchbild jeweils zwei Prominentenbilder, die etwa gleich groß sind. Nun werden die beiden Bilder in ca. 1 cm breite Streifen geschnitten und abwechselnd wieder aufgeklebt, also zuerst der erste Streifen von Bild 1 und dann der erste Streifen von Bild 2, dann der zweite Streifen von Bild 1 usw. Man braucht ca. zehn solcher Streifenbilder, die dann aufgehängt werden. Jeder Teilnehmer erhält nun einen Zettel und muss so viele Prominente wie möglich erkennen.

3. Steckbrief schreiben

Jeder Teilnehmer erhält Zettel und Stift. Dann wird der Name eines Prominenten gesagt und die Teilnehmer haben zwei Minuten Zeit, so viele Eigenschaften wie möglich zu diesem Menschen aufzuschreiben, z.B. Beruf, Haarfarbe, Heimatland usw.

Nach diesen zwei Minuten erfolgt die Auswertung: Für jedes richtige Merkmal erhält der Teilnehmer einen Punkt, wenn ein Merkmal nur von einem Teilnehmer genannt wird, erhält er dafür sogar zwei Punkte.

Gewonnen hat der Teilnehmer, der nach fünf Spielrunden die meisten Punkte hat. Dabei sollte man darauf achten, dass die Kategorie, aus der die Prominenten kommen, sehr unterschiedlich sind, z.B. Politiker, Sänger, Sportler, Personen aus der Bibel und der eigene Gemeindepastor.

Überraschungsgast

Wenn die Teilnehmer denken, dass nun noch weitere Spiele zu diesem Themenbereich kommen, erscheint ein wirklicher Überraschungsgast.

Dabei handelt es sich um eine Person, die den Teilnehmern etwas zu erzählen hat. Es geht dabei nicht um eine wirkliche Berühmtheit, sondern um einen Menschen, der kindgerecht etwas aus seinem Leben oder über seine Arbeit / sein Hobby berichten kann.

Mögliche Überraschungsgäste könnten sein:

- ein älteres Gemeindemitglied, das erzählt, wie es vor 60 Jahren in der Jungschar war
- der Reporter der Lokalpresse, der erzählt, wie sein Arbeitsablauf ist

- der Prediger/Pastor der Gemeinde, der über die Gemeinde erzählt und mit den Jungscharlern über die Gemeinde ins Gespräch kommt
- der Chef der Freiwilligen Feuerwehr, der über die Arbeit der Feuerwehr berichtet

Diese Überraschungsgäste sollen die Möglichkeit haben, von sich zu erzählen. Die Kinder müssen aber immer wieder mit einbezogen werden, indem sie dem Überraschungsgast Fragen stellen können.

Familiengottesdienst: Lass dich überraschen -

der Gottesdienst zum Fußballnachmittag
1. Petrus 5,1-6

Ziel
Die Teilnehmer sollen erkennen, dass jeder seinen Platz und seine Aufgabe in der Gemeinde hat.

Gedanken zum Bibeltext
Der Petrusbrief richtet sich an Gemeinden, die unter Verfolgung leiden. Die Christen leben in einem heidnischen Umfeld und werden vielerorts in ihrem Christsein nicht akzeptiert. Deshalb will der Brief den verfolgten Christen Mut machen, sie trösten und stärken.
Gleichzeitig wächst aber auch die Gemeinde und die Strukturen der Gemeinden verfestigen sich. Auch diese Thematik wird im Brief mit aufgegriffen und es werden immer wieder Hinweise für das Leben der Christen in der Gemeinde gegeben. Das Leben der Christen spielt sich aber nicht nur in der Gemeinde, sondern vor allem im Alltag ab. Auch das greift der Brief auf, indem er das Leben der Christen in allen Lebensbereichen thematisiert.
Verschiedene Personengruppen werden angesprochen und es wird auf ihre spezielle Situation eingegangen und ihnen im Namen von Jesus Christus Hilfe zugesprochen.

Ablauf
Gut sichtbar wird eine Torwand aufgebaut. Wenn es nicht möglich ist, eine große Torwand aufzubauen, dann kann man auch wieder eine kleine Wand bauen (s. Nachmittagsprogramm). Neben den üblichen Programmteilen eines Gottesdienstes wie Liedern und Gebet sind die anderen Elemente, z.B. An-

dacht, in das Torwandschießen eingebaut. Verschiedene Personen, Ältere und Jüngere, Männer und Frauen können auf die Torwand schießen. Immer, wenn ein Ball ins Tor geschossen wird, gibt es eine Unterbrechung und einen Impuls zum Thema Fußball. Dazu liegen fünf Fußbälle bereit, auf die jeweils ein Stichwort geschrieben ist, zu dem dann etwas gesagt wird. Danach geht das Torwandschießen weiter. Die Bälle sollten in der richtigen Reihenfolge geschossen werden, da die Stichworte teilweise aufeinander aufbauen.

1. Bibel

Der Bibeltext 1. Petrus 5,1-6 wird gelesen.
Den Teilnehmern wird folgende Frage gestellt: Was hat dieser Bibeltext mit dem Thema Fußball zu tun? Es wird ihnen vermutlich wenig einfallen, deshalb ist es wichtig, dass den Teilnehmern Mut gemacht wird, sich mit dem Bibeltext auseinander zu setzen. Sie müssen in diesem kurzen Punkt neugierig auf das gemacht werden, was noch kommt.

2. Die Teilnehmer

Es wird überlegt, wer alles zu einer Fußballmannschaft dazugehört: Trainer, Stürmer, Präsident, Manager, Cheftrainer, Fans usw. Diese Überlegungen werden an einem Flipchart aufgeschrieben. Damit wird die gesamte Mannschaftsaufstellung für alle sichtbar.

Andacht

Dieses Bild vom Fußball kann auf die Gemeinde übertragen werden: Es gibt Teilnehmer und Menschen, die mehr Verantwortung tragen (Verse 1-3).
Wer hat in einer Gemeinde welche Aufgabe? Jetzt werden zu den Personen aus dem Bereich Fußball die Personen aus dem Bereich Gemeinde geschrieben, am besten mit einer anderen Farbe. Die folgenden Übertragungen sind Vorschläge und als Hilfestellung für eine Andacht gedacht:

Präsident: Er ist bei jedem Spiel dabei und hält alle Fäden in der Hand. Er trifft alle wichtigen Entscheidungen. Der Präsident der Gemeinde ist Gott.

Cheftrainer: Er trägt die Hauptverantwortung für die Mannschaft. Das ist Jesus Christus. Er hat noch andere Trainer, aber er ist über sie gestellt (Bibeltext: Oberhirte). Der Cheftrainer übernimmt auch Verantwortung für die Mannschaft. Wenn die Mannschaft schlecht gespielt hat, wird der Trainer entlassen. Und der Cheftrainer Jesus Christus musste auch schon einmal gehen. Er musste den Hut nehmen oder besser die Dornenkrone und hat die Verantwortung für unsere Schuld übernommen.

Trainer: Das sind die Mitarbeiter, die den Cheftrainer unterstützen.

Spieler: Das sind alle, jedes Kind und jeder Erwachsene. Jeder hat dabei eine ganz bestimmte Aufgabe, die ungeheuer wichtig ist. So wie eine Fußballmannschaft nicht nur aus Stürmern oder Torhütern bestehen kann, so braucht auch die Gemeinde oder die Jungschar verschiedene Menschen.

3. Miteinander und gegeneinander

Beim Fußball spielen zwei Mannschaften gegeneinander. Eine Mannschaft kann aber nur gewinnen, wenn sie miteinander gut harmoniert. Das soll ein kleines Spiel verdeutlichen. Alle Teilnehmer werden in zwei Gruppen eingeteilt. Jede Gruppe erhält fünf Bälle. Der Mannschaftskapitän sitzt ganz vorn und vor ihm stehen zwei Gefäße, eines mit den Bällen und ein leeres Gefäß. Auf ein Startzeichen nimmt er den ersten Ball und gibt ihn nach hinten weiter. Jeder, der zur Gruppe gehört, muss den Ball weiterreichen. Wenn er beim Letzten angekommen ist, darf der Kapitän den nächsten Ball auf die Reise schicken. In der Zwischenzeit muss der letzte Mitspieler den Ball in das leere Gefäß werfen. Geht der Ball daneben, muss ihn der Mannschaftskapitän erneut auf die Reise schicken. Gewonnen hat die Mannschaft, die zuerst ihre fünf Bälle wieder zusammenhat.

Tipp: Wer taktisch geschickt weitergibt, gibt den Ball so durch die Reihen, dass der letzte Mitspieler nicht in der letzten Reihe sitzt, sondern weiter vorn, damit das Zielen leicht ist.

4. Die Spielregeln

Fußball braucht Spielregeln und das Zusammenleben in der Gemeinde ebenfalls. Welche Spielregeln werden im Bibeltext erwähnt? Die Antworten werden mit einer anderen Farbe auf die Tafel geschrieben:

Ermahnung = gegenseitige Hilfestellung und Unterstützung
Unterordnung = sich nicht selbst in den Mittelpunkt stellen, sondern auf den anderen achten, seinen Platz einnehmen, sich in den Dienst der Mannschaft stellen und den Anweisungen der Trainer und des Cheftrainers vertrauen
Demut = Mut, füreinander da zu sein, auch mal den anderen Spielern den Ball zuzuspielen, wenn sie in einer besseren Schussposition sind

5. Der Siegespreis

Im Text wird von einer Belohnung gesprochen. Das ist das ewige Leben und das ist nur möglich, weil Jesus schon einen gewaltigen Sieg errungen hat: den Sieg über den Tod. Wir können Gewinner sein und wir werden zum Sieg motiviert, wenn wir auf den Siegespreis schauen.

Eine Geschichte aus dem alten Griechenland soll das verdeutlichen:

Ein junger Mann war von den Römern gefangen genommen worden und wurde Sklave. Sein Vater kaufte ihn frei. Der Kaufpreis war, dass er selbst Sklave wurde. Einige Jahre später nahm der Sohn an einem Lauf teil und die Belohnung war, dass für den Sieger ein Sklave freigelassen wurde. Damals war es so, dass die Zuschauer das Rennen beeinflussen konnten. Sie schlossen Wetten ab und sie hatten die Möglichkeit den Lauf zu beeinflussen. Sie warfen Gold, Silber und Geld auf die Laufbahn, damit die Läufer diese wertvollen Sachen aufheben konnten und damit Zeit verloren. Unter den Läufern war starke Konkurrenz. Der Mann lief mit den anderen los und sah plötzlich unter den Zuschauern seinen alten Vater. Dieses Bild hatte er vor Augen und lief auf das Ziel zu, ohne sich von irgendetwas abhalten zu lassen. Er lief und gewann. Er hatte das Ziel vor den Augen.

Wochenendfreizeit zum Thema

SCHÖPFUNG: EINFACH GENIAL!

Begrüßungsabend: Weißt du, wie viel Sternlein stehen?

Ziel
Der Abend beleuchtet ein besonderes Element der Schöpfung, die Sterne. Außerdem sollen sich die Teilnehmer besser kennen lernen.

Ablauf
Jeder Teilnehmer bekommt am Beginn des Abends einen Stern. Die Sterne sollen unterschiedliche Formen haben und von jeder Form sollte es vier bis fünf Stück geben. Die Teilnehmer, die den gleichen Stern haben, sollen sich in Gruppen zusammensetzen.

In diesen Gruppen finden kleine Aktionen statt, bei denen sich die Teilnehmer besser kennen lernen. Außerdem finden einige Spiele statt, bei denen sich die Teilnehmer als Punkte Sterne verdienen können.

1. Vorstellung
Die Teilnehmer bekommen die Aufgabe, sich einander vorzustellen. Das geschieht mit Hilfe der Sterne. Jeder muss so viele besondere Eigenschaften von sich sagen, wie sein Stern Zacken hat.

2. Sternensuche
Im gesamten Raum oder Gelände sind Sterne versteckt. Diese Sterne sollten von unterschiedlicher Größe sein. Jede Gruppe hat zehn Minuten Zeit, Sterne zu suchen und zu finden. Für jeden gefundenen Stern erhält die Gruppe einen Sternenpunkt.

3. Sternbilder
Jede Gruppe bekommt die Aufgabe, aus den Sternen, die sie bis jetzt schon besitzt, ein Sternbild zu legen. Das muss kein Sternbild sein, das es wirklich am Himmel gibt, es kann auch ein Haus oder etwas anderes Einfaches sein.

Nach fünf Minuten gehen die Gruppen herum, schauen sich alle anderen Sternbilder an und schreiben auf, um welches Sternbild es sich handeln könnte. Für jedes richtig gefundene Bild erhält die Gruppe einen Sternenpunkt.

4. Walk of Fame

Der Walk of Fame ist ein Gehweg in Los Angeles, der deswegen besonders berühmt ist, weil auf ihm 2352 Sterne (Stand November 2007) mit Namen von bekannten Künstlern eingelassen sind.

Wir gestalten nun unseren eigenen Walk of Fame. Die Gruppen erhalten verschiedene Materialien, aus denen sich jeder Teilnehmer seinen eigenen Stern basteln und seinen Namen darauf schreiben kann. Aus allen Sternen wird dann im Haus oder auf dem Gelände der Walk of Fame gebaut.

Je nachdem, wo der Weg aufgebaut werden soll, muss man die geeigneten Materialien einsetzen. Verschiedene Möglichkeiten sind:

- Gipssterne gießen
- Mosaike gestalten (Dazu werden Scherben bzw. Plastikabfälle auf eine Gipsunterlage gedrückt. In Bastelläden kann man auch Mosaiksteinchen kaufen.)
- Auf Pappe werden kleine zusammengeknüllte Papierkügelchen geklebt.
- Aus unterschiedlichen Papieren können Sterne geschnitten und gefaltet werden.

5. Star Wars

Jetzt spielen wir „Krieg der Sterne". Jede Gruppe tritt gegen jede andere Gruppe an. Sollten bei der Freizeit sehr viele Teilnehmer sein, dann kann das Ganze auch in Turnierform gespielt werden.

Jede Gruppe erhält zehn große Sterne aus Pappe. Die Gruppen stehen sich in einem Spielfeld gegenüber und zwischen ihnen befindet sich ca. 3 Meter Zwischenraum.

Auf ein Startkommando hin werfen sich die Spieler die Sterne zu. Dabei müssen die Spieler darauf achten, dass keine Sterne in ihrem Spielfeld den Boden berühren. Die Sterne, die auf den Boden kommen, bleiben liegen und sind am Ende des Spiels, nach ca. zwei Minuten, die Punkte für die gegnerische Mannschaft. Gewonnen hat natürlich die Mannschaft mit den meisten Punkten, also Sternen auf dem gegnerischen Spielfeldboden.

6. Sternenwörter

Jede Mannschaft hat drei Minuten Zeit und muss in dieser Zeit so viele Wörter wie möglich finden, in denen das Wort „Stern" vorkommt. Das können zusammengesetzte Wörter sein, z.B. Sternenkarte, oder auch Wörter, die eigentlich nichts mit einem Stern zu tun haben, z.B. Ostern. Für jedes richtige Wort erhält die Gruppe einen Sternenpunkt; für jedes Wort, das nur eine Gruppe gefunden hat, sogar zwei Sternenpunkte.

7. Sternlauf

Es findet ein Wettlauf statt, bei dem immer zwei Gruppen gegeneinander antreten. Dazu werden für jede Gruppe fünf größere Sterne aus Pappe benötigt. Diese Sterne müssen folgendermaßen über eine bestimmte Wegstrecke transportiert werden: zwei Sterne werden unter die Arme, ein Stern wird zwischen die Knie geklemmt, ein Stern liegt auf dem Kopf und ein Stern wird mit dem Mund festgehalten.

Auf ein Startzeichen hin geht es los. Wenn auf der Strecke ein Stern verloren geht, muss man ihn wieder aufheben, an seinen Platz nehmen und weiterlaufen. Ist der erste Läufer an der Ziellinie angekommen, startet der nächste. Gewonnen hat die Gruppe, die zuerst mit allen Teilnehmern die Strecke durchlaufen hat. Sie bekommt dafür ihre Sternenpunkte.

8. Sternensuche

Für jede Gruppe werden acht kleine Sterne benötigt, die auf dem Boden ausgelegt werden. Ein Gruppenmitglied bekommt die Augen verbunden und muss nun innerhalb von zwei Minuten so viele Sterne wie möglich finden. Die anderen Teilnehmer dürfen ihm dabei Hinweise geben, wo die Sterne liegen. Jeder gefundene Stern ist ein Sternenpunkt für die Gruppe.

9. Abschlussandacht

Hier geht es nicht um eine ausführliche Bibelarbeit, sondern darum, dass an einem kleinen Punkt gezeigt wird, wie groß Gott ist:

Zwei Männer übernachten im Zelt. Mitten in der Nacht weckt der eine den anderen und sagt: „Schau mal nach oben! Was siehst du?" Der andere öffnet die Augen und sagt: „Einen genialen Sternenhimmel!" „Und was bedeutet das?" „Dass Gott alles so genial gemacht hat!" „Nein, jemand hat uns unser Zelt geklaut."

Beide Männer haben Recht, ihnen ist das Zelt geklaut worden und trotzdem hat Gott den Sternenhimmel genial gemacht.

Nun werden einige Fakten zu den Sternen genannt:
- Wir sehen mit bloßem Auge bis zu 6.000 Sterne.
- Der erdnächste Stern ist die Sonne und sie gehört zu den kleinsten Sternen.
- Sterne sind gasförmig.

Diese wenigen Aussagen zeigen uns schon, wie unvorstellbar groß und weit der Himmel mit seinen Sternen ist. Unbegreiflich, es übersteigt unsere Vorstellungskraft, wie weit weg viele Sterne sind, wie groß, hell und heiß sie sind.
Sie sind aber von Gott gewollt.

Nun wird der Bibeltext 1. Mose 1,13-19 gelesen.
Darin wird unter anderem beschrieben, dass Gott die Lichter am Himmel gemacht hat und das war gut so. Er machte alles und das war auch gut so und das ist bis heute gut so. Gott hat unsere Welt gemacht. Er hat sie in seiner Hand. Er ist der Chef von allem.

Es folgt ein gemeinsames Gebet als Abschluss.

Zum Schluss des Begrüßungsabends folgt noch die Auswertung der Sternenpunkte und die Siegerehrung.

Nachtaktion 1: Himmlische Nachtwanderung
Es wird eine Nachtwanderung durchgeführt, bei der jemand eingeladen wird, der sich mit Sternbildern usw. gut auskennt. An einigen Stellen der Wanderung gibt es eine kurze Pause, bei der der Sternenkundler kurz etwas erklären kann.
Hinweis: Es gibt in vielen Gemeinden astronomisch interessierte Menschen. Findet man dort keinen, kann man sich auf alle Fälle an eine Sternwarte in der Nähe oder an eine Volkshochschule wenden.

Nachtaktion 2: Sternenwanderung
Es wird eine Nachtwanderung durchgeführt. An der Wegstrecke sind Sterne versteckt, die die Teilnehmer finden müssen. Auf den Sternen stehen kleine Aufgaben, die unterwegs gelöst werden sollen. Diese Aufgaben kann man in Gruppen lösen oder auch allein. Am Ende der Wanderung gibt es natürlich eine Preisverleihung für den Teilnehmer oder die Gruppe, der/die die meisten Aufgaben gelöst hat.
Mögliche Aufgaben sind:
- Pflücke drei unterschiedliche Blumen!
- Bringe fünf glatte Kieselsteine mit!
- Wie hieß der Fluss, an dem wir vorbeigelaufen sind?

- Wie oft hat ...(Name des Mitarbeiters) gesagt: Wir haben uns verlaufen?
- Wie oft haben wir die Straße von A nach B überquert?

Bibelarbeit 1:

Einfach genial – Gott hat die Welt erschaffen
1. Mose 1,1-31

Ziel
Die Kinder sehen die Schöpfung und dadurch den Schöpfer.

Gedanken zum Bibeltext
Das Ziel des Bibeltextes wird schon klar im 1. Vers beschrieben. Es wird berichtet, dass Gott die Erde geschaffen hat. Der Anlass, warum der Text geschrieben wurde, ist nicht, dass wir Gott bei seiner Schöpfungsarbeit über die Schulter schauen sollen, sondern es muss betont werden: Alles, was geschaffen wurde, ist von Gott und weist auf ihn hin.

Eine besondere Rolle spielt das Wort „schaffen". In seiner hebräischen Bedeutung hat es den klaren Sinn, dass es ein Erschaffen aus dem Nichts ausdrückt. Es geht also nicht darum, dass Gott vorhandene Materie verfestigt oder umgeformt hat, sondern er hat aus dem Nichts unsere tolle Erde geschaffen.

Die Reihenfolge der Schöpfung ist folgende:
1. Tag: Himmel, Erde und Licht; V. 2-5
2. Tag: Himelsgewölbe und Meer; V. 6-8
3. Tag: Landmasse und Pflanzen; V. 9-13
4. Tag: Sonne, Mond und Sterne; V. 14-19
5. Tag: Vögel und Wassertiere; V. 20-23
6. Tag: Landtiere und Menschen; V. 24-31

Am Ende eines jeden Schöpfungstages stellt Gott immer wieder fest: Es war sehr gut. Diese Feststellung gilt für die gesamte Schöpfung und sie gilt bis heute.

Weil Gott alles gemacht hat, ist es gut, und weil wir die gute Schöpfung Gottes erleben und sehen können, können wir auch ihn sehen und erkennen.

Hinweise zur Durchführung
Das Thema Schöpfung/Evolution beschäftigt Kinder im Jungscharalter sehr.

Irgendwann werden sie in der Schule mit diesem Thema konfrontiert werden oder wurden es schon. Manche Kinder bringen ihre Zweifel zum Thema Schöpfung mit und für andere ist das alles sehr selbstverständlich. Diese Bibelarbeit ist nicht als Konfrontationsstunde gedacht, sondern will die Augen öffnen, um die Schöpfung und den Schöpfer zu sehen.

Es ist aber durchaus möglich, dass es zu kontroversen Diskussionen kommen kann. Darauf sollte man als Mitarbeiter vorbereitet sein. Wichtig ist bei diesem Thema, sich über seinen eigenen Standpunkt klar zu werden und auch die unterschiedlichen Meinungen der Kinder ernst zu nehmen und anzuhören. Die wenigsten Kinder werden mit noch so schlagkräftigen Argumenten an einen Schöpfergott glauben. Ihnen kann aber liebevoll ein genialer Schöpfergott vor Augen gemalt werden.

Verkündigung im Plenum

Ein Mitarbeiter tritt als Forscher auf (Bekleidung: Mütze, Tuch, Weste mit vielen Taschen, Rucksack usw.). Er erzählt den Kindern, dass er sich auf eine Forschungsreise begibt und dass die Kinder dabei sein dürfen.

Zur Einstimmung packt er seinen Rucksack und seine Westentaschen aus und zeigt den Kindern verschiedene Gegenstände, die darin enthalten sind und die er braucht, z.B. eine Lupe, um Tiere zu beobachten, ein Fernrohr, um die Sterne zu beobachten, eine dicke Mütze gegen die Kälte, eine Sonnenbrille, eine Taschenlampe usw.

Nun begibt er sich auf eine Expedition in die Schöpfung. Er erklärt, dass Schöpfung alles ist, was die Kinder sehen können: Blumen, Wälder, Sonne, Tiere usw.

Zur Schöpfung gehören die Henne und das Ei. Die Frage ist: Was war zuerst da, die Henne oder das Ei? Die Kinder sollen ihre Meinung sagen.

Der Forscher erzählt weiter: Eigentlich ist das egal, weil Gott alles so gewollt hat, wie es ist. Was zuallererst da war, noch vor Henne und Ei, das steht auf den ersten Seiten der Bibel und das will ich heute zeigen.

Er zeigt immer ein Symbol, das für einen Schöpfungstag steht, und erklärt kurz, was dazugehört:

1. Tag: Licht - Ein Kiste wird geöffnet; in der Kiste ist es dunkel, Licht kommt jetzt hinein.

2. Tag: Wasser - Zwei Becher mit Wasser stehen da und die Kinder dürfen davon kosten. In einem Becher ist Salzwasser (Gott machte das Meer) und in dem anderen Becher ist Trinkwasser (Gott machte auch das Wasser, das wir zum Leben brauchen). Nun wird das Trinkwasser in einem Wasserkocher erhitzt und der entstehende Wasserdampf mit einer Glas- oder Plastikplatte wieder aufgefangen. Diese Platte mit dem Wasserdampf wird über das Gefäß mit dem Salzwasser gehalten: unten war das Meer und darüber die Atmosphäre.

3. Tag: Erde - Allein auf dem Wasser lässt es sich schwer leben. Deshalb schuf Gott noch die Landmassen. Erde wird nun in das Gefäß mit Salzwasser geschüttet, sodass sich an einer Stelle eine kleine Insel befindet. Darauf ließ Gott die Pflanzen wachsen. Einige Pflanzen werden darauf gepflanzt.

4. Tag: Sonne - Das am dritten Tag Geschaffene reichte aber noch nicht zum Leben. Deshalb schuf Gott Sonne, Mond und Sterne. Ein Halogenstrahler wird angeschaltet. Die Sonne erwärmt die Erde. Sie ermöglicht Leben. Und die Sonne ist wichtig, da durch sie auf der Erde die Zeit eingeteilt wird.

5. Tag: Vögel, Wassertiere - Gott schuf die ersten Tiere: Auf die Erde werden einige Vogelfedern gelegt. Gott schuf Vögel und Wassertiere. Sie waren sehr unterschiedlich, aber alle sehr schön.

6. Tag: Tiere, Menschen - Gott schuf alle anderen Tiere und die Menschen. Hier werden einige Dinge von Tieren auf das Land gelegt, z.B. etwas Schafwolle oder ein Ei. Er schuf aber auch den Menschen und dafür hat er sich etwas Besonderes ausgedacht. Der Mensch war Gottes Ebenbild. Es wird ein Spiegel dazugestellt. Der Spiegel steht für mich und dich, für jeden von uns. Wir sind nicht ein Zufallsprodukt, sondern ein Ebenbild Gottes.

So entstand die tolle Schöpfung und alles wurde von Gott mit dem Prädikat „sehr gut" bewertet. Alles ist gut gelungen. Gott sagte nicht: „Es hat einigermaßen funktioniert." Oder: „Es hätte auch besser klappen können." Gott sagte: „Super! Super, der Mensch! Super, die Eiche! Super, das Stinktier! Genauso habe ich euch gewollt." Und wenn wir heute noch etwas aus der Schöpfung ansehen, dann können wir sagen: „Super, das hat Gott gemacht. Das ist ein Supergott!"

Vertiefung in Kleingruppen
Jedes Kind bekommt ein leeres Marmeladenglas, das im Deckel einige Luftlöcher hat.
Nun bekommt es die Aufgabe, ein Tier einzufangen und es genau zu beob-

achten. Es soll die Beobachtungen auf einen Zettel schreiben. Danach stellen die Kinder ihre Ergebnisse vor.

Fazit: Gott hat alles wunderbar gemacht. Wenn wir etwas aus der Schöpfung anschauen, dann sehen wir etwas, das Gott gemacht hat, und wir sehen dadurch den Schöpfer.

Was können wir durch das, was wir gerade an den Tieren beobachtet haben, auf Gott schließen?
- Er mag seine Schöpfung.
- Er ist ein Gott der Ordnung.
- Er ist kreativ.
- Ich kann mit dem Schöpfer leben, weil er mein Leben geschaffen hat und ich mein Leben in seine Hand legen kann.

Bibelarbeit 2:

Einfach genial – Gott hat den Menschen geschaffen
Psalm 8

Ziel
Die Kinder sollen erkennen, dass sie als Geschöpfe in Verbindung zum Schöpfer kommen können.

Gedanken zum Bibeltext
Der Psalm ist ein Lobpsalm. Wie viele andere Psalmen versucht er das, was Menschen mit Gott erlebt haben, und das, was sie von ihm sehen können, in Worte zu fassen. Wir können heute noch diese Worte benutzen, um Gott damit die Ehre zu geben.
Im Psalm 8 liegt der Schwerpunkt auf dem Menschen. Eigentlich ist er nur ganz gering und trotzdem wertvoll und von Gott geliebt. Der Psalm will nicht den Menschen verherrlichen und in den Mittelpunkt stellen, sondern allein den, der den Menschen erschaffen hat - Gott.

Verkündigung im Plenum
Der Forscher tritt wieder auf. Er berichtet von der tollen Expedition in die Schöpfung. Er wiederholt manches von dem, was er gesagt hat. Er spielt dabei den zerstreuten Professor, er vergisst manches und sagt andere Dinge

doppelt. Dadurch wiederholt er noch einmal die Bibelarbeit vom Vortag. (Beispiele: Er schaut in seine Lupe und entdeckt eine Spinne. Er sagt: „Die hat Gott auch gemacht. Und Gott hat sie so gemacht, dass sich ihre acht langen Beine nicht verheddern." Er schaut durch sein Fernrohr und sagt etwas über die Sterne.)

Dann holt er aus seinem Rucksack eine Geldbörse und erzählt den Kindern von seiner tollen Idee: Er kauft sich jetzt einen Menschen. Er fragt die Kinder, was sie denken, wie viel er wert ist und was er dafür wohl zahlen muss.

Nachdem die Kinder einige Antworten gegeben haben, macht er eine Rechnung auf. Er schreibt auf, woraus der Mensch besteht: 68% Wasser; 20% Kohlenstoff, 6% Sauerstoff und 4% restliche Bestandteile wie Mineralien. Das ist der Mensch. Was ist er nun wert? Er rechnet ein bisschen herum und kommt auf einen Preis von etwa 25 Euro.

„Die habe ich noch!", sagt er, holt 25 Euro aus der Geldbörse und will einen Menschen kaufen. „Vielleicht gleich hier, Kinder sind ja noch kleiner, die sind bestimmt billiger, die bekomme ich schon für 20 Euro."

Ein weiterer Mitarbeiter kommt dazu und sagt zum Forscher: „Das kannst du doch nicht machen!" Der Forscher antwortet: „Warum denn nicht?"
Nun versucht der Mitarbeiter zu erklären, dass der Mensch doch viel mehr wert ist.
Der Forscher fragt: „Warum?", und darauf gibt der Mitarbeiter einige Antworten. Zu jeder dieser Antworten hält er ein Symbol hoch:

Spiegel (siehe Bibelarbeit 1) - Der Mensch ist von Gott geschaffen und Gottes Ebenbild.

Schulbuch - Der Mensch kann denken, etwas lernen und ganz neue Dinge schaffen. Er kann es nicht so wie Gott, aus dem Nichts, aber er kann andere Dinge erfinden, zum Beispiel die Glühbirne.

Bild einer Familie – Der Mensch lebt mit anderen zusammen. Er hat Familie und Freunde und vielleicht hat jeder schon einmal erlebt, dass nicht die Freunde mit dem meisten Geld die wertvollsten sind.

Kiste mit der gebauten Schöpfung der Bibelarbeit 1 - Ich kann mit dem Schöpfer in Verbindung kommen. Ich kann mit ihm reden. Eigentlich bin ich als Mensch ganz weit von ihm entfernt. Auf der einen Seite ist der große Gott und auf der anderen Seite der kleine Mensch. Irgendwie passen wir nicht zusammen. Wir sind wie Maus und Elefant. Doch Gott sagt: „Ich will zu dir kommen." Er macht sich klein, so als ob der Elefant sich in eine Maus verwandeln würde. Nun ist Gott kein Elefant und ich bin keine Maus, aber Gott ist Gott und ich bin Mensch. Deshalb wurde Gott Mensch. Er schickte seinen Sohn, Jesus, zu uns Menschen, damit wir erkennen, wie Gott wirklich ist, und dass wir mit ihm in Verbindung kommen können.

Das alles können nur wir Menschen, deshalb sind wir etwas Besonderes.

Vertiefung in Kleingruppen

Immer zwei Kinder bilden zusammen ein Paar. Jedes Paar erhält ein Stück einer Tapetenrolle und dicke Stifte. Auf diese Rolle werden nun die Umrisse der Kinder gezeichnet. Zuerst legt sich ein Kind auf die Tapete und das andere malt die Umrisse; danach wird getauscht.

Der nächste Arbeitsschritt besteht darin, dass die Kinder in die Körperteile schreiben, was sie als Menschen besonders gut können (z.B. Augen: lesen, Füße: Fußball spielen).

Nachdem das alle gemacht haben, wird der Psalm 8 langsam und laut vorgelesen.

Was wird hier über den Menschen gesagt?

Die Kinder können das, was sie sich spontan gemerkt haben, auf ihr Tapetenplakat schreiben.

Danach erhält jedes Kind den Psalm zum Lesen und kann noch weiter Antworten aufschreiben.

Am Schluss fasst der Leiter noch einmal die verschiedenen Aspekte der Bibelarbeit zusammen.

Er macht deutlich, dass das Geschöpf, der Mensch, in Verbindung mit dem Schöpfer kommen kann und muss. In der Mitte wird nun als Symbol für Gott ein kleiner Altar gebaut. Dazu werden Steine aufeinander gestapelt und oben ein einfaches Kreuz befestigt. Nun bekommt jedes Kind ein Stück Seil. Es soll das eine Ende des Seiles an seiner Figur auf der Tapetenrolle befestigen (mit Klebeband ankleben) und das andere Ende am Kreuz festbinden.

Wir können durch den Sohn Jesus Christus zum Vater, dem Schöpfer kommen. Das gilt für jeden Menschen ganz persönlich und das macht unseren Wert aus. Da reichen keine 25 Euro, auch keine 25 Millionen Euro.

Du bist wertvoll, weil Gott dich gewollt hat und du in Verbindung mit ihm kommen kannst!

Nachmittagsprogramm:

Einfach genial – der Erfindungsnachmittag

Alle Teilnehmer werden in verschiedene Gruppen eingeteilt. Sie sind jeweils Gruppen von Erfindern und diese Gruppen erhalten deshalb auch Namen von bekannten Erfindungen, z.B. Blitzableiter, Toaster, Schreibmaschine usw. Im Laufe des Nachmittags haben sie drei Aufgaben zu erfüllen.

Alle Gruppen treffen sich am Beginn des Nachmittags und ihnen wird ihre Aufgabe erklärt. Danach haben sie Zeit, die Aufgabe zu lösen. Nach der verabredeten Zeit treffen sie sich wieder, um sich gegenseitig ihre Erfindungen vorzustellen. Am Ende dieser Runde, bei der die genialen Erfindungen vorgestellt werden, gibt es einen kleinen Imbiss und die nächste Aufgabe wird vorgestellt.

Folgende Aufgaben werden durchgeführt:

1. Flugobjekte bauen
Jede Gruppe erhält 25 Plastiktrinkröhrchen, eine Rolle Tesaband und ein rohes Ei. Die Gruppe hat 30 Minuten Zeit, um für das Ei eine Flugmaschine zu bauen. Dabei darf kein anderes Material verwendet werden außer dem, das den Gruppen ausgehändigt wurde.
Zur vereinbarten Zeit treffen sich die Gruppen wieder und probieren ihre Flugmaschinen aus, indem sie die eingepackten Eier aus einem Fenster in der 1. Etage eines Hauses fallen lassen.

2. Turm erfinden
Jede Gruppe erhält 20 Blatt DIN-A4-Papier und einen Klebestift. Sie hat nun 30 Minuten Zeit, aus diesen 20 Blättern einen Turm zu bauen, der möglichst hoch ist und allein steht.
Achtung: Die 20 Blätter müssen ausreichen, wenn also ein Blatt kaputtgegangen ist, gibt es kein neues.

3. Die Erfindung des Tages
Jede Gruppe erhält 10 bis 12 verschiedene Gegenstände. Das können Dinge sein, die irgendwo herumliegen und die niemand mehr braucht, z.B. ein leerer Colakasten, eine alte Stehlampe, ein altes Handy, ein Stuhl usw. Es können wirklich sehr verrückte Dinge sein. Außerdem wird noch Werkzeug wie Zange, Hammer usw. sowie Verbindungsmaterial wie Strick oder Nägel bereitgelegt.

Die Gruppen haben nun 45 Minuten Zeit, aus diesen Gegenständen eine Maschine zu entwickeln. Die Maschine muss natürlich nicht wirklich funktionieren. Hierbei kommt es vor allem auf die Kreativität der Teilnehmer an und natürlich auch wie gut sie diese Maschine erklären.

Abendprogramm: Die Freizeit sucht den Superstar

Hier können die Teilnehmer noch einmal ihre Kreativität ausleben. Sie werden in kleine Gruppen eingeteilt und bekommen die Aufgabe, ein Lied auf der Bühne darzustellen. Dazu bekommen sie einen aktuellen Hit auf CD, jede Gruppe natürlich einen anderen Titel. Außerdem benötigen sie noch ein Textblatt mit dem Text des Titels. Für alle zugänglich müssen noch verschiedene verrückte Klamotten zur Verkleidung bereitstehen und dann kann es losgehen.
Jede Gruppe erhält 45 Minuten Vorbereitungszeit, in der sie sich eine Choreografie überlegen muss, die Klamotten raussuchen, das Lied proben usw.

Dann beginnt die große Show. Dazu muss der Raum im Stil eines Fernsehstudios hergerichtet werden. Ein Mitarbeiter ist der Moderator und drei weitere Mitarbeiter sind die Jury.
Nun stellt jede Gruppe ihr Lied vor und die Mitglieder der Jury geben einen witzigen Kommentar dazu ab. Wichtig: Es sollen wirklich witzige und keine verletzenden Kommentare sein, wie sie bei ähnlichen Fernsehshows gesagt werden. Es geht an dem Abend vor allem darum, Spaß zu haben.
Es gibt bei der Fernsehshow auch keinen Gewinner, sondern alle sind Gewinner und erhalten als Abschluss ein Eis o.Ä..

Familiengottesdienst:

Einfach genial – wir dürfen ausruhen
1. Mose 2,1-3

Ziel
Die Teilnehmer sollen erkennen, dass eine gute Lebensgestaltung aus der Abwechslung zwischen Aktion und Ruhe besteht.

Gedanken zum Bibeltext

Gott hat an sechs Tagen die Welt erschaffen und alles, was er gemacht hat, wurde mit dem Prädikat „sehr gut" versehen. Nun nutzt Gott den nächsten Tag nicht, um noch etwas Besonderes in der Schöpfung zu machen, sondern er nutzt den Tag zum Ausruhen. Arbeiten und Ruhen gehören zu Gott und es gehört bei ihm zusammen. Arbeit und Ruhe gehören auch zum Menschen und es ist auch in unserem menschlichen Sein untrennbar miteinander verbunden. Der Ruhetag ist eine gute Unterbrechung unserer Arbeit und ist uns genauso wie die gesamte Schöpfung von Gott gegeben.

Einleitung und Rückblick

Der Forscher tritt wieder auf und erzählt den Anwesenden von den Ereignissen der letzten beiden Tage. Er erzählt, was alles los war, was die Kinder getan haben und auch was das Thema in den Bibelarbeiten war. Hier können einige Elemente der beiden Bibelarbeiten noch einmal genannt und vorgestellt werden.

Nun sagt der Forscher, er braucht etwas Pause. Dazu setzt er sich in eine Ecke und packt aus seinem Rucksack sein Frühstück und seine Trinkflasche aus. Er lädt alle ein, mit ihm zusammen auszuruhen.

In dieser Pause geschehen einige Aktionen, die die Teilnehmer zum Ausruhen motivieren sollen:

Spiel: Ruhig bleiben

Der Spielleiter steht vorn und gibt Kommandos, die alle mitmachen müssen: aufstehen, hopsen, linken Daumen in das rechte Ohr stecken usw. Wenn der Spielleiter das Kommando „Ruhig bleiben!" gibt, dürfen die Teilnehmer das Kommando nicht ausführen, sondern müssen in der Stellung des vorherigen Kommandos bleiben. Wer es trotzdem macht, muss sich hinsetzen und sich ganz ruhig verhalten.

Programm zum Zurücklehnen

An dieser Stelle des Gottesdienstes können ein oder mehrere Elemente der Show vom Abend vorgestellt werden.

Es können aber auch spezielle Programmelemente von Kindern und/oder Mitarbeitern für diesen Familiengottesdienst eingeübt werden, z.B. Musikstücke, Theaterstück, Tanz usw.

Imbisspause

In der Pause des Forschers werden alle zu einem kleinen Snack eingeladen. Es gibt für alle einen Schokoriegel oder etwas Ähnliches.

Andacht

Nachdem Gott gearbeitet hatte, machte er Pause. Genauso wie unser Forscher. Er hatte auch eine Pause verdient. Arbeit und Pause gehören zusammen, bei dem Forscher und bei Gott. Vielleicht hat es unser Forscher sogar von Gott abgeschaut.

Warum ist das eigentlich so? Muss das so sein oder passt das gar nicht mehr in unsere Zeit, in der es immer mehr verkaufsoffene Sonntage gibt?

Arbeit ist Notwendigkeit. Sie gehört zu unserem Leben dazu. Arbeit muss sein, auch wenn sie manchmal viel Arbeit macht. Arbeit darf Spaß machen, wird aber nicht immer Spaß machen. Sie ist eben notwendig, die Arbeit, die ich für Geld mache, mein Beruf zum Beispiel, und die Arbeit, die auch zu Hause gemacht werden muss, das Bügeln, Treppe fegen und Essen kochen. Das Gegenteil von Notwendigkeit ist Freiheit. Wenn Arbeit Notwendigkeit ist, dann ist Ruhezeit Freiheit. Ich habe die große Freiheit, mir diesen Ruhetag zu gönnen.

Jetzt könnte ich mir doch wünschen, dass die große Freiheit da wäre und ich immer Ruhe hätte. Das ist für den Moment ein schöner Traum, aber es wird vermutlich nicht lange gut gehen. Freiheit braucht auch Grenzen. Die Grenze der großen Freiheit Ruhe ist die Notwendigkeit zur Arbeit. Beide Seiten gehören zusammen und nur zusammen tun sie uns gut. Das hat Gott nicht nur geboten, nein, er hat es sogar selbst vorgelebt. Das sollten wir uns als Vorbild nehmen und ihm nacheifern, indem wir unsere Arbeit sehr gut tun und indem wir Zeit zur Ruhe finden.

Experiment: Zeit der Ruhe finden

Dieses Experiment wird nun vom Forscher sehr reißerisch angekündigt. „Wir werden jetzt etwas erleben, das viele vielleicht noch nie erlebt haben!" Wenn man die Spannung auf den Höhepunkt gebracht hat, wird das Experiment erklärt: „Wir werden jetzt fünf Minuten ganz leise sein und nichts tun!" Das ist eine große Herausforderung und man sollte nicht enttäuscht sein, wenn es nicht gelingt. Es lohnt sich aber auf alle Fälle, dieses Experiment in den Gottesdienst mit einzuplanen.

Nach diesen fünf Minuten gibt es eine kurze Auswertung:

- Was war schwer an diesem Experiment?
- Was war gut an dem Experiment?
- Warum hat es nicht funktioniert?
- Welche Gedanken sind mir dabei durch den Kopf gegangen?

Vertiefung

Ich brauche Zeiten der Ruhe - wie kann ich sie gestalten?

Um diesen Gedanken zu vertiefen, wird gemeinsam ein Lied gesungen, das von der Ruhe spricht, z.B. „In der Stille angekommen" (aus Feiert Jesus 2, Nr. 189).

Gemeinsam wird nun überlegt, wie Angehörige von verschiedenen Generationen diese Ruhepunkte finden können. Die Ergebnisse werden für alle gut sichtbar an einer Tafel festgehalten.

Mögliche Antworten könnten sein:

- regelmäßig beten
- regelmäßig in den Gottesdienst gehen
- Tagebuch schreiben

Jeder bekommt einen Zettel und einen Stift, auf dem er seinen persönlichen Vorsatz zur Ruhe noch einmal aufschreiben kann.

Spiel

Da dieser Familiengottesdienst für viele Kinder gerade nach der Wochenendfreizeit ziemlich anstrengend war, wird jetzt zum Abschluss noch ein Punkt gesetzt, an dem sich alle bewegen können. Denn es braucht ja die Abwechslung zwischen Arbeit und Ruhe!

Es werden Tiere genannt, die Gott geschaffen hat – es sind also alle Tiere möglich. Alle Teilnehmer haben nun die Aufgabe, das genannte Tier darzustellen. Es geht nicht darum, wer das am besten oder am schnellsten macht, sondern nur, dass man zusammen Spaß hat und sich bewegt.

Man kann das Spiel auch so gestalten, dass verschiedene Gruppen verschiedene Tiere darstellen müssen, z.B. alle Frauen sind Elefanten, alle Männer sind Regenwürmer. Sie müssen so lange das Tier darstellen, bis sie zu einer Personengruppe gehören, die ein anderes Tier darstellen soll, z.B. alle, die Größer als 1,50 m sind, sind Kängurus.

In das turbulente Spiel hinein wird das Abschlussgebet gesprochen.

WIE IM FILM

Begrüßungsabend: Theaterspiele

Ziel
Die Teilnehmer spielen miteinander und lernen sich dadurch besser kennen.

Ablauf
Es werden verschiedene Spiele gespielt, die alle etwas mit dem Oberthema Film, Theater und Schauspiel zu tun haben. Es geht bei den meisten Spielen in erster Linie nicht um Wettkampf, sondern darum, dass man miteinander spielt. Es werden deshalb auch keine festen Gruppen benötigt, sondern jeder Spieler sucht sich für jedes Spiel neue Partner aus bzw. es wird mit allen zusammen gespielt.

1. Gesichtstheater
Jedes Kind erhält ein breites Gummiband. Das Gummi wird so über den Kopf gezogen, dass es von der Oberlippe unter den Ohren entlang nach hinten verläuft. Auf ein Kommando versucht jeder das Gummiband von seinem Kopf zu streifen, ohne dass die Hände zu Hilfe genommen werden.

2. Theater spielen mit magnetischen Körperteilen
Der Spielleiter nennt immer zwei Dinge, die magnetisch sind, einen Körperteil und einen Gegenstand aus dem Raum. Dann muss jeder so spielen, als ob sich diese beiden Dinge magnetisch anziehen. Wenn das Kommando z.B. lautet: Hand und Wand, muss jeder mit den Händen die Wand berühren und so tun, als würde er sich mit aller Kraft von der Wand losreisen wollen, was natürlich nur schwer geht, denn die Wand und die Hand sind magnetisch. Noch schwieriger wird es, wenn zwei Körperteile und ein Gegenstand genannt werden, z.B. Kopf, Hand und Fußboden.

3. Aufblastier-Theater
Immer zwei Mitspieler bilden ein Paar. Ein Mitspieler steht aufrecht und der andere liegt schlapp am Boden und spielt das Aufblastier. Auf ein Kommando nimmt der stehende Spieler eine erfundene Luftpumpe, das heißt er tut so, als ob er eine Luftpumpe bedient, und bläst das schlappe Aufblastier neben

sich auf. Der Mitspieler, der das Tier spielt, richtet sich ganz langsam auf. Dann kann der Mitspieler mit der Luftpumpe noch den Stöpsel zumachen und das Werk ist vollendet. Nun kann sich aber der Stöpsel wieder lösen und das Aufblastier sinkt wieder in sich zusammen. Nachdem das passiert ist, wechseln die Schauspieler ihre Rollen.

4. Schaufensterpuppen-Theater

Hier spielen wieder zwei Teilnehmer zusammen. Einer ist die Schaufensterpuppe und der andere der Dekorateur. Der Spielleiter sagt ein Thema, zu dem die Schaufensterdekoration erstellt werden soll, z.B. Modegeschäft oder Fleischerei. Der Dekorateur muss nun die Puppe so in Positur bringen, dass es zum Thema passt. Dabei muss sich der Spieler der Puppe vom Dekorateur in alle Richtungen bewegen lassen. Auch hier werden in der nächsten Spielrunde die Rollen gewechselt.

5. Filmriss

Alle spielen zusammen und ein Spieler erhält einen Stock, den er aber nicht mit den Händen berühren darf. Er muss ihn zwischen die Knie klemmen, mit den Zehen festhalten oder Ähnliches. Seine Aufgabe ist es, den Stock an einen anderen Teilnehmer weiterzugeben, der ebenfalls die Hände nicht benutzen darf. Während des Spieles läuft Musik. Wenn die Musik abbricht, stoppt der Film und der Teilnehmer, der den Stock gerade hat, versteinert. Er bleibt unbeweglich stehen und bleibt das ganze Spiel über so. Die Musik geht weiter, bis der Nächste beim nächsten Filmriss versteinert. Das Spiel dauert so lange, bis alle erstarrt sind.

6. Zeitlupenrennen

In der Mitte liegt eine Tüte Gummibärchen. Wer wird sie sich holen? Das Rennen beginnt mit einem Startkommando und dann rennen alle los, dürfen den anderen schubsen und ihn anrempeln usw., um an die Tüte zu kommen. Es gibt aber eine Bedingung: Das Rennen muss in Zeitlupe laufen, also gaaaanz langsam.

7. Zeitungsfilm

Immer vier Teilnehmer erhalten eine Zeitung. Sie sollen sich einen kurzen Artikel heraussuchen und versuchen, diesen Artikel nachzuspielen. Dazu haben sie fünf Minuten Vorbereitungszeit und danach werden die einzelnen Szenen vorgespielt.

8. Urlaubsvideo

Ein Kind zeigt sein letztes Urlaubsvideo, natürlich nicht in echt, sondern mit

Hilfe der anderen Teilnehmer. Es fängt an zu erzählen: „Wir, mein Vater, meine Mutter, meine Schwester, unser Hund und ich sind sehr lange auf der Autobahn gefahren. Dann fing der Hund plötzlich an zu winseln ..." Alles, was erzählt wird, wird von den Teilnehmern nachgespielt. Dazu kann man vorher Schauspieler bestimmen, die die jeweiligen Rollen übernehmen, oder die Teilnehmer werden in kleine Gruppen eingeteilt und spielen gleichzeitig die erzählten Situationen nach.

Wenn es den Kindern schwer fällt, eine entsprechende Situation zu erzählen, dann kann das auch von einem Erwachsenen übernommen werden.

Nachtaktion 1: Verfolgungsjagd

Zu vielen Filmen gehören nächtliche Verfolgungsjagden. Das soll hier nachgespielt werden. Eine Gruppe von ca. fünf Kindern und einem Mitarbeiter/Erwachsenen ist die Bande, die verfolgt werden muss. Sie haben einen Vorsprung von ca. 15 Minuten. Damit man ihnen folgen kann, markieren sie ihren Weg mit Knicklichtern. Die anderen nehmen die Verfolgung auf und haben die Aufgabe, die Bande zu finden. Das Bandenversteck ist ebenfalls mit Knicklichtern markiert. Der Weg wird z.B. mit gelben Knicklichtern markiert und wenn drei andersfarbige Knicklichter zu sehen sind, müssen im Umkreis von 300 Metern die Bandenmitglieder gefunden werden.

Nachtaktion 2: Filmnacht

Zum Thema „Wie im Film" gehört unbedingt eine Filmnacht. Filmnacht bedeutet also, nicht nur einen Film anzuschauen, sondern mehrere. Evtl. kann das Abendprogramm vom Samstag schon mit eingebaut werden, damit man genügend Zeit hat, die Filme zu schauen. Es sollten nicht einfach nur Filme gezeigt, sondern auch Elemente geschaffen werden, die den Kindern ein Kinofeeling vermitteln, z.B. Popcornverkauf, Eiswerbung und Eisverkauf, Großleinwand usw.

Bei der Auswahl der Filme ist unbedingt darauf zu achten, dass altersgemäße Filme gezeigt und dass die gesetzlichen Regelungen (Gema usw.) zur Aufführung von Filmen beachtet werden.

Bibelarbeit 1: Ein Mann wie im Film - Simson
Richter 13 - 16 (in Auswahl)

Ziel
Wir müssen uns allein auf Gott verlassen, weil man sich auf die eigene Stärke nicht verlassen kann.

Gedanken zum Bibeltext
Die Geschichte von Simson kann in dieser einen Bibelarbeit nur in Auszügen erzählt werden. Zur Vorbereitung sollte man aber intensiv die gesamte Geschichte lesen, um die Zusammenhänge besser zu verstehen.

In der Geschichte des Volkes Israel gab es immer ein Auf und Ab. Wenn es dem Volk besonders schlecht ging, berief Gott oft einen starken Mann. Einer dieser Männer war Simson. Sein Leben war geprägt vom Kampf gegen die Philister. Auffallend ist seine körperliche Stärke. Trotz der eigenen Stärke wird im Text aber immer wieder deutlich, wie abhängig er von Gott ist.

Verkündigung im Plenum
Ich bin der Stärkste! Mit diesem Satz beginnt diese Bibelarbeit und die Kinder werden gefragt, was ihnen zu diesem Thema einfällt.

Dann fragt der Leiter die Kinder: Wer ist von euch der Stärkste?
Nun kann man zwei Kinder auswählen: ein Kind, das auf den ersten Blick stark ist, und ein schwächeres Kind, z.B. einen großen Jungen und ein kleines Mädchen. Sie müssen nun Armdrücken machen. Die Kinder werden vorher gefragt, wer von den beiden wohl gewinnen wird. Alle Kinder werden vermutlich auf den Stärkeren tippen. Noch bevor eines der Kinder gewinnen kann, drückt der Leiter mit dem scheinbar Schwächeren mit, sodass der Schwächere gewinnt.

Viele Kinder werden jetzt antworten: Das ist unfair!
Dann wird - in Auszügen - die Simsongeschichte erzählt:

Es ist die Geschichte von einem, der ohne solche Tricks stark war, weil er die Kraft von Gott bekam.
Simson war ein echt starker Kerl, aber wie kam es zu dieser Stärke?
Das ging schon vor seiner Geburt los.
Geschichte erzählen aus Richter 13: Eine Frau bekommt von Gott die Zusage, dass sie einen Sohn bekommen wird, obwohl sie keine Kinder bekommen kann. Dieser Sohn wird etwas Besonderes sein, weil er das Volk aus der Hand der Feinde befreien wird. Als sie es ihrem Mann erzählt, glaubt er ihr nicht

und braucht noch eine Bestätigung. Die erhält er und er weiß: Dieser Sohn ist von Gott gewollt. Deshalb geht er auf Gottes Botschaft ein und tut das, was ihm gesagt wird, z.B. dass die Haare seines Sohnes nicht geschnitten werden sollen. Simson wird geboren.

Gott hat großes mit Simson vor.

Wie geht sein Weg weiter?

Es werden verschiedene Gegenstände auf den Tisch gelegt, die etwas mit der Geschichte aus Richter 14 zu tun haben: Löwe, Honig, Kleidungsstück, Locke.

Nun wird diese Geschichte erzählt:

Simson tötet einen Löwen. Er nimmt sich Honig von wilden Bienen, die im toten Löwen ein Nest gebaut haben, und gibt seinen Feinden ein Rätsel auf, das sie nicht lösen können: Der Einsatz für das Rätselspiel sind 30 Feierkleider. Das Rätsel lautet: „Von dem, der frisst, bekam ich zu essen, und der Starke gab mir Süßes." Seine zukünftige Frau bedrängt ihn so lange, bis er die Lösung verrät und sie verrät die Lösung seinen Feinden. Simson gerät so sehr in Wut darüber, dass er einige seiner Feinde tötet und von ihnen die Feierkleider nimmt, die er unrechtmäßig verloren hat. Die Locke steht als Symbol für die Kraft Simsons, denn wenn seine Haare lang sind, dann kann er Großes tun. Das ist aber nicht nur seine eigene Stärke, sondern die Kraft Gottes, die mit ihm ist. Mit seiner Kraft besiegt er viele Feinde und rettet damit sein Volk Israel. Er wird aber wieder von seiner Frau verraten: Sie verrät den Feinden das Geheimnis seiner Kraft, seine langen Haare. Im Schlaf werden ihm die Haare abgeschnitten und er wird gefangen genommen. Dort werden ihm die Augen geblendet und er erlebt in einer Situation, in der er am Ende ist, dass er nur stark ist, wenn er auf Gott vertraut.

Für den letzten Teil der Geschichte wird ein Tempel als Dekoration gebaut: Dazu werden mehrere Teppichrollen zusammengebaut, die die Säulen des Tempels symbolisieren sollen.

Der Erzähler stellt sich zwischen diese Säulen und erzählt:

Simson war am Ende. Er hatte aber gemerkt, dass er sich ganz auf Gott verlassen muss. Bei einem Fest für einen heidnischen Gott sollte der starke Mann allen vorgeführt werden. Simsons Haare waren inzwischen wieder etwas gewachsen und dadurch war seine Kraft zurückgekehrt. Als er dann blind zwischen den Säulen des heidnischen Tempels stand und seine Feinde sich über ihn lustig machten, griff er nach den Säulen, drückte dagegen und brachte den gesamten Tempel zum Einsturz. Simson selbst und seine Feinde starben in den Trümmern des Tempels.

Während der Erzähler diese Situation berichtet, spielt er das Gesagte vor und liegt am Ende der Erzählung unter den Trümmern des symbolisierten Tempels, also unter den Teppichrollen.

Damit endet die Verkündigung. Die Auswertung und Vertiefung erfolgt in Kleingruppen.

Vertiefung in Kleingruppen

Die Kleingruppe beginnt mit einem Spiel, bei dem es nicht auf Stärke ankommt, z.B. Streichholzweitwurf.

Daran schließt sich ein Gespräch darüber an, warum bei diesem Spiel auch ein Schwacher gewinnen kann und nicht nur der, der die dicksten Muskeln hat.

Simson hat sich ganz oft auf seine eigene Stärke verlassen. Wo ist das bei uns der Fall? Es werden entsprechende Situationen auf ein großes Blatt Papier geschrieben. Nun überlegen alle gemeinsam, wie diese Situationen ausgehen können, und zwar, wenn wir uns nur auf uns verlassen, und welchen Unterschied es macht, wenn wir uns auf Gott verlassen.

Dem Gespräch schließt sich eine Veranschaulichung an: Wir nehmen ein Streichholz und bitten ein Kind, es zu zerbrechen. Das wird es sicherlich mühelos schaffen. Wir fühlen uns manchmal so stark wie ein Streichholz, wir sind so stark, dass wir sogar Feuer machen können, aber brechen leicht durch. Da ist es gut, einen starken Halt zu haben. An ein Streichholz wird ein großer Nagel gebunden und nun erhält wieder ein Kind die Aufgabe, das Streichholz zu zerbrechen. Das wird ihm nicht gelingen. So wie der Nagel dem Streichholz Halt gibt, so gibt uns Gott Halt, wenn wir uns auf ihn verlassen.

Zum Abschluss können die Kinder ein „Stärke-Diplom" basteln. Dazu erhält jedes Kind ein Blatt Papier, auf dem unten „durch Gott" steht. Nun wird den Kindern erklärt, dass das ihr persönliches Stärke-Diplom (oder Stärke-Urkunde) ist. Da fehlt aber noch etwas, nämlich das Wort „stark". Die Kinder sollen dieses Wort in die Mitte des Blattes schreiben, dabei kann das Wort sehr schön gestaltet werden (mit Buntpapier, Leim, Glitterstiften usw. ist das gut möglich). Als letzten Schritt soll jedes Kind ganz oben noch seinen Namen hin schreiben, damit dann am Ende auf dem Diplom steht: „(Name) stark durch Gott."

Nun muss noch gemeinsam über die Frage nachgedacht werden: Wie werde ich stark durch Gott?

Bibelarbeit 2:

Ein Kampf wie im Film - David und Goliath
1. Samuel 17

Ziel
Gott ist stärker als alle menschliche Macht. Auf ihn kann ich mich auch in ausweglosen Situationen verlassen.

Gedanken zum Bibeltext
Am Anfang des Textes wird die Kampfsituation beschrieben. David kommt dazu und erlebt die psychologische Kriegsführung der Philister. Gott sieht die verfahrene Situation der Israeliten und stellt sich auf ihre Seite. Er greift von außen ein, indem er David schickt, der Goliath besiegen kann. Das gelingt ihm auch. An der Erzählung wird deutlich, dass es sich nicht nur um einen Kampf zwischen David und Goliath handelt, sondern dass hier zwei Mächte gegeneinander antreten. Bei diesem Kampf siegt eindeutig Gott.

Verkündigung im Plenum
Der Leiter kommt auf die Bühne und hat folgende Gegenstände dabei: Korb, Stock, fünf Steine. Er erklärt den Kindern, dass er diese Gegenstände für ein Spiel braucht, und lädt sie ein, bei dem Spiel mitzumachen.
Dann baut er das Spiel auf: Er legt den Stock über zwei Stühle und hängt den Korb daran. Von einer Startlinie aus versucht er nun, die fünf Steine in den Korb zu werfen. Nachdem er das vorgemacht hat, dürfen auch einige Kinder das Wurfspiel probieren.

Dann sagt er: Diese Gegenstände brauche ich nicht nur für das Spiel, sondern auch für unsere heutige Geschichte. Er erzählt die Geschichte aus der Sicht Davids und nimmt die Gegenstände mit zur Veranschaulichung:

Ich bin David. Hirte bin ich von Beruf, aber manchmal muss ich meinen Vater auch bei anderen Aufgaben unterstützen. Heute muss ich zum Beispiel meinen Brüdern zu essen bringen. Sie sind im Krieg und da ist die Versorgung nicht so gut. Sie kämpfen mit unserer israelitischen Armee gegen die Philister, das sind unsere Feinde. Da habe ich also Brot und Käse in den Korb gepackt und bin losgegangen. Als ich im Lager der Armee ankam, war dort gar nichts los. Alle lagen friedlich vor ihren Zelten. Doch auf einmal ging ein Gebrüll los und ich sah, wie ein riesengroßer Mann vor die Armee trat und schrie: „Ich bin der Größte! Wer wagt es gegen mich zu kämpfen? Ich mache jeden von euch platt! Aber wenn mich einer besiegt, dann geben wir uns als

gesamte Armee geschlagen. Wo bleibt ihr mutigen Kämpfer mit eurem Gott?"
Als ich das hörte, bin ich zunächst erschrocken, aber dann habe ich alle
gefragt, was los war und wer das war. Da haben sie es mir erklärt: Das war
Goliath. Er kämpfte für die feindlichen Philister und wenn es einer wagte,
gegen ihn zu kämpfen und ihn zu besiegen, dann wollte sich die ganze Armee
geschlagen geben. Ich dachte etwas nach und dann sagte ich: „Ich mach es.
Ich kämpfe gegen ihn. Er macht sich über unseren Gott lustig. Das darf nicht
sein. Ich kämpfe gegen ihn und ich kämpfe mit Gott." Der König wollte mir
noch eine Rüstung geben, aber die war mir kleinem Kerl viel zu groß und deshalb nahm ich mir fünf Kieselsteine und meine Steinschleuder. Die kann ich
ziemlich gut bedienen, weil ich sie oft gegen wilde Tiere beim Schafehüten
einsetzen muss.
Als dann Goliath das nächste Mal schrie, trat ich vor ihn hin. Er lachte sich
halbtot, als er mich sah. Ich ließ mich davon aber nicht beeindrucken, legte
einen Stein in die Schleuder und warf den Stein so genau, dass er Goliath voll
am Kopf traf. Damit hatte er nicht gerechnet und er fiel tot um. Damit hatte
ich ihn besiegt und unsere israelitische Armee war der Gewinner!

Vertiefung in Kleingruppen
Es werden zwei Figuren auf große Papierblätter gemalt: David und Goliath.
Nun werden Eigenschaften in diese Figuren geschrieben, die auf die jeweili-
gen Personen zutreffen. Beispiele:
Goliath: groß, starke Kampfausrüstung, hochmütig, kampferprobt, scheinbar
unverwundbar ...
David: klein, jung, kommt im Namen Gottes, hat eine andere Kampferfah-
rung, ist stark durch Gott ...

Frage: Wer hätte eigentlich gewinnen müssen? Antwort: Goliath.
Und warum hat David gewonnen? Er verließ sich in dieser ausweglosen
Situation auf Gott.

Gespräch: Wer sind heute die starken Typen?
Die Kinder werden einige aufzählen, angefangen von Comicfiguren bis hin zu
Sportlern.
- Was macht die Stärke dieser Typen aus?
- Was ist der Unterschied zu mir / zu uns?
- Wir sind viel schwächer, können aber trotzdem starke Typen sein, weil der
  starke Gott auf unserer Seite ist.

Ein Mitarbeiter erzählt eine Geschichte aus seinem Leben, bei der er in einer ausweglosen Situation Gott erlebt hat. Da können dann auch die Kinder gefragt werden, wo sie solche oder ähnliche Situationen erlebt haben.

Nachmittagsprogramm: Wie im Film - die Quizshow

Die Grundidee dieses Quiznachmittags ist relativ einfach und überall umzusetzen. Das Quiz ist mit kleinen Gruppen genauso durchführbar wie mit großen Gruppen.

Material
Zehn große Blätter mit den zehn Themenbereichen, viele Legosteine, kleine Zettel und einen Stift für jede Gruppe

Ablauf
Die Kinder werden in Gruppen zu je vier bis fünf Mitspielern eingeteilt. Jede Gruppe erhält zehn Legosteine. Die Themen werden für alle Teilnehmer gut sichtbar aufgehängt. Für jeden Themenbereich gibt es zehn Fragen.
Nun fängt eine Gruppe an und wählt ein Thema. Nachdem das Thema bekannt gegeben ist, setzt jede Gruppe einen Teil ihrer Legosteine, indem sie die Steine gut sichtbar vor sich hinlegt. Danach wird die Frage vorgelesen und die Gruppen schreiben ihre Antwort auf einen kleinen Zettel. Nach der Beantwortung der Frage kommt die Wertung. Wenn eine Frage falsch beantwortet wird, muss die Gruppe die gesetzten Legosteine abgeben. Wird die Frage aber richtig beantwortet, erhält die Gruppe so viele Steine dazu, wie sie eingesetzt hatte. Dann kommt die nächste Gruppe mit der Themenauswahl an die Reihe.
Die Fragen werden der Reihe nach vorgelesen, wie sie auf dem Zettel des Spielleiters stehen, das heißt, der Schwierigkeitsgrad der Fragen ist unterschiedlich und mit jedem Setzen ist ein gewisses Risiko verbunden.
Gewonnen hat die Gruppe, die nach einer vorher festgelegten Zeit die meisten Legosteine erspielt hat.

Themenbereiche
In dieser Vorlage sind folgende Themenbereiche aufgenommen: Fußball, Pflanzen, Sport, Zahlen, Buchstaben, Scherzfragen, Nahrungsmittel, Altes Testament, Neues Testament, Deutschland. Es ist aber auch gut, immer wieder Themenbereiche aufzugreifen, die mit den zeitlichen und örtlichen Gegebenheiten eng verbunden sind, z.B. große Sportereignisse, die gerade stattfinden, Fragen zum eigenen Ort und zur eigenen Gemeinde usw. Achtung: Bei zeitabhängigen Fragen müssen die Antworten eventuell aktualisiert werden!

Fragen

Fußball

1. Wer ist der aktuelle Fußballweltmeister? *Italien*
2. Wo findet die Fußballweltmeisterschaft 2010 statt? *Südafrika*
3. Wie hoch ist ein Fußballtor? *2,44 m*
4. Wo fand die erste Fußballweltmeisterschaft statt? *Uruguay*
5. Wie viele Mannschaften spielen in der ersten Bundesliga? *18*
6. Wie viele Spieler gehören zu einer spielenden Fußballmannschaft? *11*
7. Wie heißt der Weltfußballverband? *FIFA*
8. In welcher Stadt fand das Eröffnungsspiel der Fußballweltmeisterschaft 2006 statt? *München*
9. In welcher Stadt spielt Schalke 04 Fußball? *Gelsenkirchen*
10. Welche brandenburgische Fußballmannschaft spielt im Stadion der Freundschaft? *Energie Cottbus*

Pflanzen

1. Was sind Schattenmorellen? *Sauerkirschen*
2. Welche Nuss ist ein Gewürz? *Muskatnuss*
3. Was sind Yam? *Süßkartoffeln*
4. Wie nennt man den Fruchtstand von Getreide? *Ähre*
5. Was kann man an den Jahresringen eines Baumes erkennen? *sein Alter*
6. Welcher Baum hat Blätter, die wie eine Hand aussehen? *Kastanie*
7. Zu welcher Obstsorte gehören Äpfel? *Kernobst*
8. Welche Frucht hat die Bedeutung „Großer Apfel"? *Melone*
9. Welches Gewächs hat Zehen, aber keine Füße? *Knoblauch*
10. Was ist ein Boskop? *Apfelsorte*

Sport

1. In welcher Sportart wird im griechisch-römischen Stil gekämpft? *Ringen*
2. In welcher Sportart gewann Simbabwe seinen bisher einzigen Olympiasieg? *Hockey*
3. Wie nennt man ein Ruderbootrennen? *Regatta*
4. In welcher Stadt endet jährlich die Tour de France? *Paris*
5. Aus wie vielen Spielteilen besteht ein Eishockeyspiel? *drei Drittel*
6. Wo fanden im Jahr 1896 die ersten Olympischen Spiele der Neuzeit statt? *Athen*
7. In welcher Sportart startete Jan Ullrich? *Radsport*
8. Wie heißt das Spielgerät beim Eishockey? *Puck*
9. Wie viel Feldspieler gehören zu einer Basketballmannschaft? *fünf*
10. In welcher Sportart wird um den America's Cup gekämpft? *Segeln*

Zahlen

1. Wie viele Kilometer ist die deutsche Nordseeküste lang? *300 km*
2. Wie viel ist 75 mal 8? *600*
3. Welche Zahl ist in abgeänderter Form eine seemännische Bezeichnung für hinten? *Achtern*
4. In wie vielen Jahren findet das 500-jährige Reformationsjubiläum statt? *Stand 2008: in 9 Jahren - im Jahr 2017*
5. Wie viele Bücher hat die Bibel? *66*
6. Wie viele Tage hat ein Schaltjahr? *366*
7. Wie viele Sekunden hat eine Stunde? *3600*
8. Wie viele Kapitel hat das 1. Buch Mose? *50*
9. Wie viele Kegel müssen fallen, damit man alle neune hat? *9*
10. Wie viele Felder hat ein Schachbrett? *64*

Buchstaben

1. Welches märchenhafte A heißt im Englischen Cinderella? *Aschenputtel*
2. Mit welchem B bezeichnen Indianer einen Europäer? *Bleichgesicht*
3. Welches D ist eine weltberühmte Kunstausstellung in Kassel? *documenta*
4. Welches H ist der Chef von Dr. Watson? *Holmes*
5. Welches I ist das am dünnsten besiedelte Land Europas? *Island*
6. Welches K hat keinen Anfang und kein Ende? *Kreis*
7. In welchem L steht der Big Ben? *London*
8. Welches P ist nur durch 1 und sich selbst teilbar? *Primzahl*
9. Welches R ist die größte Insel Deutschlands? *Rügen*
10. Welches S ist ein beliebtes Zahlenrätsel? *Sudoku*

Scherzfragen

1. Wie heißt eine applaudierende Feldblume? *Klatschmohn*
2. Welcher Ring ist nicht rund? *Hering*
3. Was ist klein, grün und dreieckig? ein kleines grünes Dreieck
4. Was entsteht, wenn sich zwei Tausendfüßler umarmen? *ein Reißverschluss*
5. Was steht mitten in Rom? *das O*
6. Womit hört die Nacht auf und fängt der Tag an? *mit dem T*
7. Auf der Grenze zwischen Deutschland und Italien stürzt ein Flugzeug ab. Die Krankenhäuser von welchem Land müssen die Verletzten aufnehmen? *Es gibt keine Grenze zwischen Deutschland und Italien*
8. Wie viele Tiere nahm Mose mit in die Arche? *keine, Noah baute die Arche*
9. Was war am 6. Dezember 1998? *Nikolaustag*
10. Was macht ein Glaser, dem das Glas zerbrochen ist? *Er trinkt aus der Tasse.*

Nahrungsmittel

1. Aus welchem Land kommt die Pizza? *Italien*
2. In welchem Land isst man Fish and Chips? *England*
3. Welches Gewürz kommt aus Cayenne? *Pfeffer*
4. Welches ist der meistverspeiste Hund der Welt? *Hot Dog*
5. Welches ist das Hauptnahrungsmittel im Fernen Osten? *Reis*
6. Woraus besteht Hefe? *aus Pilzen*
7. Welche Süßigkeit wurde 1921 von Hans Riegel aus Bonn erfunden? *Gummi-bärchen*
8. Welches Lebensmittel besteht aus Fischeiern? *Kaviar*
9. Welches Lebensmittel gewinnt man vom Ahornbaum? *Sirup/Honig*
10- Aus welcher Gegend stammt ursprünglich die Kartoffel? *Südamerika*

Altes Testament

1. An welchem Tag schuf Gott die Fische? *5. Tag*
2. Wie heißt der 1. Satz des Alten Testaments? *Am Anfang schuf Gott Himmel und Erde*
3. Wie heißt das letzte Buch des Alten Testaments? *Maleachi*
4. Wie heißt das erste Buch des Alten Testaments? *1. Mose/Genesis*
5. In welchem Buch der Bibel steht: Der Herr ist mein Hirte? *Psalter*
6. Welcher Prophet hatte eine Glatze? *Elisa*
7. Wie viele Gebote bekam Mose von Gott? *10*
8. Wer war so stark, dass er sogar ein Stadttor tragen konnte? *Simson*
9. Was bekam das Volk Israel bei der Wüstenwanderung meistens zu essen? *Wachteln und Manna*
10. Wer besiegte den Riesen Goliath? *David*

Neues Testament

1. Was vergaß Paulus in Troas? *seine Jacke*
2. Wie heißt das letzte Buch der Bibel? *Offenbarung*
3. Wie hieß die Mutter von Jesus? *Maria*
4. In welcher Stadt wurde Jesus geboren? *Bethlehem*
5. Welches Buch des Neuen Testamentes beginnt mit dem Satz: Am Anfang war das Wort.? *Johannesevangelium*
6. An welchem See arbeitete Petrus? *See Genezareth*
7. Welches Buch kommt in der Bibel nach der Apostelgeschichte? *Römerbrief*
8. Wie viele Körbe mit Brotresten blieben bei der Speisung der 5000 übrig? *12 Körbe*
9. Von welchem Tier wurde Paulus beim Feuermachen gebissen? *Schlange*
10. Bei welchem Fest verwandelte Jesus Wasser in Wein? *Hochzeit*

Deutschland

1. Welches ist das nördlichste Bundesland? *Schleswig-Holstein*
2. An welchem Fluss liegt Berlin? *Spree*
3. In welchem Bundesland steht der Kölner Dom? *Nordrhein-Westfalen*
4. Wie heißt die Hauptstadt vom Saarland? *Saarbrücken*
5. In welchem Bundesland liegt der Brocken? *Sachsen-Anhalt*
6. Wie hieß die Hauptstadt von Deutschland vor Berlin? *Bonn*
7. Welches ist das höchste politische Amt in Deutschland? *Bundespräsident*
8. Was bedeutet das Autokennzeichen HH? Hansestadt *Hamburg*
9. Wie viele Bundesländer kamen 1990 zu Deutschland dazu? *5*
10. In welchem Bundesland liegt die Uckermark? *Brandenburg*

Abendprogramm: Wir machen Theater

An diesem Abend spielen wir verschiedene Filme vor. Dazu werden die Teilnehmer in Gruppen von ca. sechs Kindern plus Erwachsene eingeteilt.

Jede Gruppe bekommt den Titel eines Filmes gesagt, den sie darstellen muss. Bei der Umsetzung können sie ihrer Kreativität freien Lauf lassen. Sie können eine Szene nachspielen, den Wert auf die Deko legen oder sonstige Dinge darstellen, die irgendwie mit dem Film zu tun haben, z.B. einen Regisseur, der die Szenen erklärt. Für alle Gruppen stehen noch verschiedene Materialien bereit, z.B. Requisiten, Kostüme und Dekomaterial. Sinnvoll ist es, eine Vorbereitungszeit von ca. 45 – 60 Minuten einzuplanen.

Dann kommt es zur großen Filmvorführung.

Mögliche Filmtitel sind:

- Die wilden Kerle
- Titanic
- Asterix und Obelix
- Spiderman
- Heidi

Es sollten aber auch aktuelle Filmtitel mit im Programm sein.

Familiengottesdienst:

Ein Bauwerk wie im Film - der Turm zu Babel
1. Mose 11,1-9

Ziel
Gott sieht uns und greift in unser Leben ein.

Gedanken zum Bibeltext
Mit der Geschichte vom Turmbau zu Babel endet die Urgeschichte. Es beginnt Neues, indem eine neue Technologie erfunden und indem die Entstehung der unterschiedlichen Sprachen erklärt wird. Menschen bringen erstaunliche technische Leistungen zustande und werden damit überheblich. Das alte Problem tritt wieder auf, das schon Adam und Eva im Paradies hatten: Wir wollen sein wie Gott. Wir bauen bis in den Himmel und sind dann wie Gott. Die Mensche denken, sie haben mit ihrem Bauwerk Großes geleistet. Der große Turm ist aber so klein, dass der große Gott herunterkommen muss, damit er den Turm überhaupt sehen kann. Dann greift er ein. Sein Vorgehen richtet sich nicht gegen die technische Leistung des Turmbaus, sondern gegen die Überheblichkeit der Menschen. Die Strafe ist die Sprachenverwirrung. Das Gegenstück zu dieser Geschichte ist im Neuen Testament die Pfingstgeschichte, in der alle Menschen Petrus in ihrer eigenen Sprache hören (s. Apostelgeschichte 2)

Ablauf
Ein Reporter tritt auf, der den Gottesdienst moderiert. Er stellt sich vor, er sagt die Lieder an und interviewt einige Kinder zu dem, was in den vergangen Stunden bei der Freizeit passiert ist.
Dann berichtet er, dass er gehört hat, dass hier ein filmreifes Bauwerk entstehen soll und er als Reporter gern davon berichten würde.

Nun werden zwei Gruppen à fünf Kinder gebildet. Jede Gruppe erhält eine Kiste mit Legosteinen und hat die Aufgabe, innerhalb von drei Minuten einen sehr hohen Turm zu bauen, der allein steht.

Danach erzählt der Reporter weiter: „Ich habe da einen Bauarbeiter gefunden, der nicht an dem Bauwerk mitgebaut hat, sondern er hat an einem anderen riesigen Bauwerk mitgebaut. Er ist hier und wird etwas über diesen Bau berichten."
Der Bauarbeiter kommt dazu, wird vom Reporter kurz vorgestellt und erzählt:

„Vor langer Zeit waren wir unterwegs, um einen idealen Bauplatz für Städte zu finden. Da kamen wir in einer Ebene an, die uns gut geeignet schien, und einer von uns hatte dann eine Idee. Er nahm einen Klumpen Lehm vom Boden, formte ihn und brannte ihn in einem Ofen. Damit hatten wir ein Baumaterial erfunden, das sehr stabil war, und wir waren nun in der Lage, sehr große Städte und hohe Türme zu bauen. Das taten wir auch. Immer höher wurden die Bauwerke und so planten wir, einen Turm zu bauen, der bis in den Himmel reicht. Jeden Tag bauten wir und der Turm wuchs. Wir waren stolz auf uns, wir hatten etwas erreicht. Bald würden wir im Himmel ankommen."

Der Reporter erklärt: „Die Menschen bauten und Gott sah zu. Er sah, dass die Menschen sein wollten wie er selbst und dann griff Gott ein."

Der Bauarbeiter erzählt weiter: „Eines Tages war alles anders. Ich sagte zu meinem Kollegen so wie jeden Tag: ‚Gib mir den Mörtel und die Steine!', aber er reagierte nicht. Ich sagte es noch einmal lauter, aber er reagierte nicht. Er schaute mich nur merkwürdig an und was er antwortete, verstand ich nicht. Ich versuchte es bei einem anderen Kollegen, aber der stammelte nur etwas, das ich erst recht nicht verstehen konnte. So konnten wir nicht weiterbauen und deshalb konnten wir unser großes Projekt, einen Turm zu bauen, der bis in den Himmel reicht, nicht umsetzen."

Der Bauarbeiter geht.

Reporter: „Gott hatte bei dem Projekt eingegriffen und die Sprache der Menschen durcheinander gebracht. Zuvor sprachen alle Menschen eine Sprache, das änderte sich nun und jeder sprach eine andere Sprache."

Wie das beim Bau aussah, wollen wir jetzt probieren:
Es werden wieder zwei Gruppen nach vorn geholt, die genau wie am Anfang die Aufgabe haben, einen Turm zu bauen. Es gibt aber unterschiedliche Voraussetzungen. Die eine Gruppe darf normal bauen und sich über den Bau absprechen, die andere Gruppe darf nicht miteinander reden. Diese Gruppe hat es viel schwerer mit dem Bau.

Aktion zur Vertiefung
Ein KIM-Spiel wird gespielt: Es wird eine Folie gezeigt, auf der 15 verschiedene Gegenstände zu sehen sind. Die Teilnehmer können sich die Folie eine Minute anschauen und müssen dann sagen, was sie auf der Folie gesehen haben.

Andacht
So wie wir bei dem Spiel eben genau hingeschaut haben, so schaut Gott auch

genau hin. Er hat sich den Bau der Menschen angeschaut. Er hat sich sicherlich darüber gefreut, dass sie mit dem Brennen von Ziegeln eine geniale Erfindung gemacht haben. Er hat aber auch gesehen, wie sie es nur für sich selbst eingesetzt haben und wie sie überheblich geworden sind. Gott schaut genau hin und er hat eingegriffen. Gott schaut auch heute auf mich. Er sieht mich. Es gibt Dinge an mir, die ihm gefallen, und Dinge, die ihn ärgern. Da will er auch eingreifen und mich verändern. Manchmal sagt er, dass etwas verkehrt war, und manchmal sagt er, dass etwas gut war. Gott sieht mich auch heute noch und greift in mein Leben ein.

Abschluss
Ein Ziegelstein wird hochgehalten. Er soll uns an die Geschichte erinnern. Dieser Ziegelstein wird nun mit einem Hammer kaputtgemacht und jeder erhält ein Stück dieses Steines als Erinnerung an den Gottesdienst und an die Freizeit.

Wochenendfreizeit zum Thema

ZEITREISE

Begrüßungsabend: Geschichtsactivity

Ziel
Die Teilnehmer erhalten eine spielerische Einführung ins Thema.

Vorbereitung
Es wird ein großer Spielplan erstellt. Ein Spielfeld besteht jeweils aus einem DIN-A4-Blatt und ist dreigeteilt, oben steht ein „E" für Erklären, in der Mitte ein „P" für Pantomime und unten ein „Z" für Zeichnen. Der Spielplan besteht aus 12 solcher Felder und einem Start- sowie einem Zielfeld. Die Felder 4, 8 und 10 sind farblich anders hinterlegt. Diese Felder werden nebeneinander auf den Boden gelegt. Außerdem benötigt man noch drei kleinere Karten, die Aktionskarten, auf denen jeweils einer der Buchstaben steht, also eine Karte mit „P", eine mit „E" und eine mit „Z". Es müssen auch noch Karten vorbereitet werden, auf denen die Begriffe stehen, die im Laufe des Spiels erraten werden sollen.
Alle Teilnehmer werden in Gruppen eingeteilt. Sollte es sich um eine große Gruppe handeln, kann man auch weniger Spielfelder benutzen, damit das Spiel nicht zu lange dauert.
Jede Gruppe erhält eine Spielfigur und setzt diese Figur auf das Startfeld.

Spielablauf
Eine Gruppe beginnt und setzt ihre Figur ein Feld vor. Nun wird eine der drei Aktionskarten gezogen. Je nachdem, welche Karte gezogen wird, muss nun die entsprechende Aktion ausgeführt werden. Dazu liegen drei Stapel mit Begriffen bereit: Begriffe zum Erklären, Begriffe zum Zeichnen und Begriffe zum pantomimischen Darstellen. Eine Karte wird gezogen und der Begriff auf der Karte entsprechend dargestellt. Ein Mitspieler der Gruppe muss den Begriff darstellen, erklären oder zeichnen. Wird der Begriff von den anderen Gruppenmitgliedern erraten, darf die Figur ein Feld vorrücken, wenn sie auf einem ungeraden Feld steht, und zwei Felder, wenn sie auf einem geraden Feld steht. Dann ist die nächste Gruppe an der Reihe. Wird der Begriff nicht erraten, bleibt die Figur stehen. Bei den farblich hinterlegten Feldern werden offene Runden für alle gespielt. Das heißt, ein Gruppenmitglied führt die

Aktion aus, aber alle dürfen raten. Die Gruppe, die den Begriff erraten hat, darf die entsprechenden Felder vorrücken. Gewinner ist die Gruppe, die als Erste am Zielfeld angelangt ist.

Alle Begriffe haben etwas mit Geschichte zu tun. Dies sind einige Vorschläge:

Pantomime	Zeichnen	Erklären
Mauerfall	Marktplatz	Revolution
Henker	Nonne	Angela Merkel
30-jähriger Krieg	Eisenbahn	Deutsches Reich
Weltumsegelung	Sphinx	Rom
Papst	Mumie	Christoph Kolumbus
Bibel	Dinosaurier	Prometheus
Pyramide	Sintflut	Pharao
Grabräuber	2. Weltkrieg	Archäologie
Herkules	Münchhausen	Nationalhymne
Olympische Spiele	Zeppelin	Christenverfolgung
95 Thesen	Dynamit	Kaiserpfalz
Hexe	Ritterburg	Nationalsozialismus
Mönch	Martin Luther	Mafia

Nachtaktion 1: Belagerung der Burg

In einem Waldstück wird eine Burg gebaut. Das kann ein Stuhl auf einem Baumstumpf, der Hochsitz eines Jägers oder eine andere klar erkennbare Stelle sein. Diese muss erobert werden. In der Nacht geschieht das mit Lichtern. Die Kinder kommen im Dunkeln zu dieser Stelle und im Umkreis von 100 Metern sind Taschenlampen versteckt. Die Kinder müssen nun gemeinsam die Taschenlampen finden. Wenn sich alle Taschenlampenstrahlen auf die Burg richten, dann ist die Burg erobert.

Nachtaktion 2: Der Weg durchs dunkle Mittelalter

Auf einer Nachtwanderung ist es finster wie im Mittelalter. Aber auch da gab es Lichtblicke. Diese müssen gefunden werden und weisen uns den Weg. Die Kinder müssen den Weg der Nachtwanderung selbst finden. Dazu sind an jeder Weggabelung oder Kreuzung Reflektoren aufgehängt. Diese Reflektoren müssen gefunden und mit der Taschenlampe angestrahlt werden. Nun muss man immer den Weg gehen, auf dem der Reflektor hängt.

Bibelarbeit 1: Geschichten zur Geschichte

Das Gleichnis vom Hausbau
Matthäus 7,24-27

Ziel
Ein Leben mit Gott gibt uns den Halt, den wir brauchen.

Gedanken zum Bibeltext
Das Gleichnis ist der Abschluss der Bergpredigt. Darin greift Jesus grundsätzliche Fragen des Lebens und des Glaubens auf und sagt, wie der Glaube im Alltag verwurzelt ist. Es geht im Gleichnis nicht um die Bauweise und um das Baumaterial, sondern in erster Linie um die Wahl des Standortes, des Baugrundes. Der Baugrund ist die Lehre von Jesus.

Verkündigung im Plenum
Vorn hängt gut sichtbar ein großes Bild von einem Haus, das in zehn Teile zerschnitten ist. Das Bild hängt aber verkehrt herum, also mit der Rückseite nach vorn. Die Rückseite der einzelnen Bildteile ist mit den Ziffern 1 bis 10 beschriftet.
Die Kinder werden in zwei Gruppen eingeteilt und dürfen sich abwechselnd eine Zahl von 1 bis 10 aussuchen. Nun müssen sie die Aufgabe lösen, die zu dieser Zahl gehört:

1 - Nennt fünf Berufe, die zum Hausbau gebraucht werden!
2 - Male mit geschlossenen Augen ein Haus!
3 - Male ein Haus mit einem Strich, ohne abzusetzen!
4 - Fahrt zu zweit eine Runde Schubkarre (einer hält den anderen an den Knöcheln fest, der geht mit den Händen)!
5 - Nennt fünf Arten von Häusern!
6 - Nennt fünf Wörter, die mit Haus enden!
7 - Nennt acht Werkzeuge, die man zum Hausbau braucht!
8 - Nennt fünf Materialien, die zum Hausbau gebraucht werden!
9 - Joker
10 - Stellt pantomimisch dar, wie ein Haus gebaut wird!

Geschichte
Als Material wird eine flache Wanne benötigt, in der auf der einen Seite ein kleiner Sandhaufen liegt und auf der anderen ein Ziegelstein, außerdem muss man vorher zwei identische kleine Häuser aus Legosteinen bauen und eine Gießkanne mit Wasser bereithalten.

Herzlich willkommen beim Hausbau! Ich möchte euch heute eine Geschichte erzählen, bei der es auch um einen Hausbau geht. Die habe ich mir nicht selbst ausgedacht, sondern Jesus hat sie erzählt. Hört sie euch mal an:

Es waren zwei Männer. Beide wollten ein Haus bauen. Sie hatten beide einen Plan, beide genug Geld und nun suchten sie sich das Bauland aus. Der erste fand ein schönes Grundstück am Meer, der Boden war leicht und sandig und es ließ sich einfach bauen. *(Ein Legohaus wird auf den Sandhaufen gesetzt.)* Der zweite Mann fand einen anderen Platz. Der Untergrund war hart und felsig, er kam nicht so gut mit dem Bau voran und es war sehr mühsam, dort ein Fundament zu bauen. Aber er schaffte es und endlich war auch sein Haus fertig. *(Das zweite Legohaus wird auf den Ziegelstein gestellt.)*
Zwei Männer bauten zwei Häuser und beide waren sehr schön. Sie standen eine Weile da. Plötzlich kam ein Unwetter auf. Es stürmte und regnete in Strömen. *(Mit der Gießkanne lässt man es jetzt über den Häusern regnen, das Haus auf dem Sand muss dabei abrutschen.)* Das Haus auf dem felsigen Untergrund blieb stehen und das Haus auf dem Sand kippte um.

Vertiefung in Kleingruppen
Jesus hat den Menschen diese Geschichte erzählt.
Warum? Was wollte er damit ausdrücken?
Die Kinder können Antworten sammeln.

<u>Zusammenfassung:</u> Das Haus ist unser Leben. Und das hält nur, wenn wir uns ganz fest auf Jesus verlassen. Er und sein Wort sind das Fundament, das, was unserem Leben einen Halt gibt.

Jedes Kind erhält nun ein Blatt, auf dem ein Haus gezeichnet ist. In das Haus sollen die Kinder hineinschreiben, was zum Leben dazugehört. Um das Haus herum können sie schreiben, was es alles für negative Einflüsse von außen gibt, z.B. Leid, Ärger, Mobbing usw.

Nun wird die Frage gestellt: Wie kann es sein, dass solche starken Stürme und Unwetter um uns herum toben und mein Lebenshaus trotzdem stehen bleibt?
Antwort: Es kommt auf das feste Fundament an.

Zum Abschluss wird der Gedanke noch an einem anderen Bild verdeutlicht: Wir gehen raus und suchen uns einen dicken Baum. Ein Kind bekommt die Aufgabe, diesen Baum herauszureißen. Das wird natürlich nicht gelingen.

Dann bekommt es einen Blumentopf in die Hand gedrückt, in dem ein Baum-
setzling steckt. Auch hier bekommt das Kind die Aufgabe, diesen Baum aus-
zureißen. Das wird das Kind mühelos schaffen.

Beide sind ein Baum; der eine ist standhaft, weil er gute, feste Wurzeln hat
- und der andere ist schwach, weil er schwache Wurzeln hat. Die starken
Wurzeln geben Halt wie das Fundament. Deshalb müssen wir unseren Halt
immer wieder bei Jesus Christus suchen.

Bibelarbeit 2: Geschichten zur Geschichte

Das Gleichnis vom verlorenen Schaf
Lukas 15,1-7

Ziel
Jesus kümmert sich um jeden von uns.

Gedanken zum Bibeltext
Das Gleichnis steht im Zusammenhang mit zwei weiteren Gleichnissen vom
Verlorenen, dem Gleichnis vom verlorenen Groschen und vom verlorenen
Sohn. Ausgangspunkt ist, dass Jesus mit den Beispielen gegenüber den From-
men seiner Zeit verdeutlichen will, warum er sich mit den Ausgestoßenen
und Verlorenen abgibt. Gerade im Blick auf die Pharisäer und Schriftgelehr-
ten wird gesagt, dass Schafe einen Hirten brauchen, einen Hirten hier auf
der Erde, aber auch Gott, den Hirten. Wo das klar ist, kommt es zu großer
Freude.

Spiel zum Einstieg
Die Kinder werden in Gruppen eingeteilt. Jede Gruppe erhält ein Puzzle-
spiel, auf dem ein Schaf zu sehen ist. Gut eignen sich dafür Minipuzzles. Eine
Gruppe erhält ein Spiel, bei dem ein Teil fehlt. Wenn alle fertig sind, wenden wir uns dieser Gruppe zu. Wo ist das Teil? Ihr hat es verbummelt! Nun
kann ich das Spiel nie wieder spielen usw.

Die Kinder werden sich auf die Suche nach dem fehlenden Teil begeben, dieses Teil aber nicht finden. Was können wir nun machen? Die Kinder sollen sich
Antworten überlegen.

Dann erfolgt die Auflösung. Der Leiter sagt: „Alle eure Antworten sind gut
gemeint, aber ich weiß, wo das Teil ist." Er hält es hoch. „Es ist hier bei mir.
Aber ihr habt toll gesucht. Danke für euren Einsatz!"

Verkündigung im Plenum

Ich will euch heute eine Geschichte erzählen, bei der auch etwas verloren gegangen ist.

Auf den Tisch werden viele Wattebällchen gelegt. Das sind die Schafe. Die Schafe unterhalten sich nun über die saftigen Wiesen und freuen sich darüber, dass der Hirte gut für sie sorgt. Eines der Schafe geht langsam zur Seite und freut sich über die saftigen Gräser. Es denkt: „Ich komme schon wieder zurück zur Herde." Es geht weiter und weiter und stürzt ab *(fällt vom Tisch)*. Am Abend kommt der Hirte *(dargestellt durch einen kleinen Stock)* und zählt die Schafe. Er zählt und merkt, dass ein Schaf fehlt. Er zählt noch einmal und es bleibt dabei: ein Schaf fehlt. Was nun? Er macht sich auf die Suche. Er ruft das Schaf. Und endlich findet er es. Er klettert zu dem Schaf herunter und nimmt es hoch *(Wattebausch auf den Stock stecken)*. Der Hirte trägt das Schaf nach Hause. Er freut sich riesig darüber, dass er das Schaf gefunden hat.

Vertiefung in Kleingruppen

Auf dem Tisch in der Mitte steht eine Schachtel mit 99 Gegenständen, z.B. Büroklammern. Der Mitarbeiter stößt „aus Versehen" die Schachtel um und die Kinder werden gebeten, beim Aufsammeln zu helfen. Es wird nachgezählt und der Mitarbeiter behauptet, es waren 100 Stück. Die Kinder suchen das fehlende Teil weiter.

Gespräch

- Wie geht es euch beim Suchen nach diesem einen Teil?
- Wer hat schon einmal etwas verloren? Was war das?
- Was habt ihr unternommen, um es wieder zu finden?
- Wie sah das in der Geschichte aus? Was hat der Hirte alles unternommen, um das Schaf zu finden?
- Was tut Jesus um uns zu finden?
- Wie sieht es bei uns aus, wenn wir verloren sind?

Nun basteln alle gemeinsam ein Schaf. Auf ein Blatt schwarzen Karton wird mit Bleistift der Umriss eines Schafes gezeichnet. Der Kopf und die Beine werden aus Buntpapier ausgeschnitten und der Körper wird gestaltet, indem die Kinder Wattepads aufkleben.

Wenn wir das Schaf vor uns haben, reden wir noch einmal darüber – natürlich auch über den Hirten.

- Zählt Eigenschaften auf, die für einen Hirten zutreffen! Treffen sie auch auf Jesus zu?

- Zählt Eigenschaften auf, die auf die Schafe zutreffen! Treffen sie auch auf uns Menschen zu?

Habt ihr Situationen erlebt, in denen Jesus euch geholfen hat?

Nachmittagsprogramm:

Nachmittag des mittelalterlichen Handwerks

Es werden verschiedene Stationen aufgebaut, an denen die Kinder mittelalterliches Handwerk ausprobieren können.

Jonglierbälle filzen

Pro Teilnehmer braucht man ca. 100 g kardierte Wolle. Diese Wolle gibt es in Bastelläden zu kaufen. Außerdem muss man eine Seifenlauge herstellen. In acht Liter warmes Wasser raspelt man ein halbes Stück Kernseife und löst es darin auf.

Jeder sucht sich einen mittelgroßen Stein und wickelt ihn in Papier ein. Als Grundlage kann man auch einen Tennisball nehmen. Nun muss man von der Wolle ein Stück abreißen, es auseinander zupfen und es um den Ball legen. Danach werden die Hände in die Seifenlauge getaucht und die Wolle vorsichtig um den Ball gestrichen. Dieser Schritt wird nun solange wiederholt, bis ein dichter Filz den Ball umschließt. Nun muss der Ball noch trocknen.

Kerzen ziehen

Als Materialien werden Wachs und Dochte benötigt. Beides erhält man in Bastelläden. Außerdem benötigt man noch alte Töpfe oder große leere Blechdosen.

Das Wachs wird in eine Dose gefüllt und im Wasserbad erhitzt. Der Docht wird an ein Stöckchen geknotet, denn nur so kann man ihn in das heiße flüssige Wachs tauchen, ohne sich die Finger zu verbrennen. Dann wird der Docht herausgezogen und man muss ihn härten lassen. Dieser Arbeitsschritt wird nun so lange wiederholt, bis die Kerze die gewünschte Stärke hat. Natürlich kann man auch noch mit verschiedenen Farben experimentieren, um schöne farbliche Effekte zu erzielen.

Mönchskutte schneidern

Pro Kutte braucht man Stoff, der etwa 140 cm breit und das Doppelte der Körpergröße lang ist. Nun misst man den Stoff von etwa 2-mal Schulterhöhe ab. Genau in der Mitte wird das Kopfloch geschnitten. Achtung: Lieber mit einem kleinen Loch anfangen und es evtl. vergrößern, als zu voreilig ein zu großes Loch in den Stoff zu schneiden! Die Seiten werden nun von unten her mit einer einfachen Naht zusammengenäht. Man muss nur aufpassen, dass genügend Platz für die Arme vorhanden ist. Als Kapuze wird ein Stück Stoff in DIN-A2-Größe zurechtgeschnitten. Das faltet man an der langen Seite und näht es an der schmalen Seite zusammen. Diese Kapuze wird nun noch an die Kutte genäht.

Bundschuh herstellen

Aus festem Leder wird eine Schablone geschnitten. Dazu wird der eigene Fuß auf das Leder gestellt und mit dickem Stift umfahren. Von dieser Grundform ausgehend wird die Schablone erstellt. Um den gesamten Fuß herum wird im Abstand von 2 cm ein Rand gezeichnet und daran werden die Laschen für die Schnürung und das Fersenteil angezeichnet (siehe Vorlage unten/rechts).

Nun wird die Vorlage ausgeschnitten und an die entsprechenden Stellen werden mit einer Lochzange oder einem kräftigen Locher die Löcher ausgestanzt. Zum Schluss folgt die Schnürung. Dabei sollte man darauf achten, dass die Schnürung des Fersenteils extra erfolgt und auch die Löcher für das Fersenteil erst am Schluss angebracht werden sollten, damit sie exakt übereinander liegen. Die vorderen Laschen werden mit einem langen Lederband verbunden.

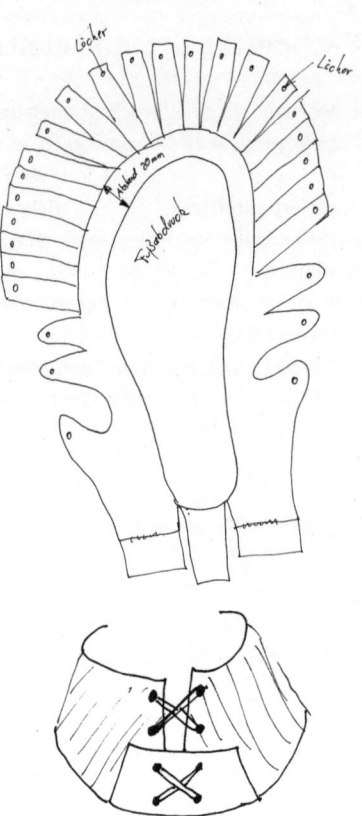

Abendprogramm: Wetten dass ...

Die bekannte Fernsehshow „Wetten dass ..." wird als Vorbild genommen. Wichtige Elemente in dieser Show sind die Wetten, die Prominenten auf der

Couch als Wettpaten und einige Showeinlagen. Diese Elemente werden von einem Moderator verbunden und schon ist die Freizeitshow fertig.

Wetten
Die Wetten werden von den Kindern vorbereitet. Die Freizeitteilnehmer werden in Gruppen eingeteilt und haben die Aufgabe, sich Wetten auszudenken. Mögliche Wetten sind:

- Wir wetten, dass einer unserer Gruppe zwei Minuten unter Wasser bleibt.
- Wir wetten, dass jeder unserer Gruppe 0,5 Liter Cola in weniger als 30 Sekunden austrinken kann.
- Wir wetten, dass alle Mitglieder unserer Gruppe in das Auto unseres Mitarbeiters passen.
- Wir wetten, dass wir das Auto des Freizeitleiters in zwei Minuten vom Parkplatz bis zur Tür des Freizeitheimes schieben können.

Wettpaten
Die prominenten Wettpaten sind einige Erwachsene. Sie verkleiden sich und stellen – passend zum Thema der Freizeit – historische Persönlichkeiten dar. Sie brauchen dazu die passenden Kostüme und werden bei dem Interview auf der Couch über ihre Person, ihr Leben und ihre Zeit ausgefragt.
Mögliche Wettpaten sind:

- Martin Luther
- Petrus
- Elisabeth von Thüringen
- Mutter Teresa
- Martin Luther King

Showbeiträge
Als Showbeiträge können zwischen den Wetten Lieder gesungen werden. Vielleicht gibt es auch einige Freizeitteilnehmer, die einen Beitrag zu diesem Abend liefern können, z.B. ein Flötenstück oder einen Tanz.

Familiengottesdienst: Geschichten zur Geschichte

Pharisäer und Zöllner
Lukas 18,9-14

Ziel
Zu Gott kommen wir nicht durch Leistung, sondern durch Umkehr.

Gedanken zum Bibeltext

Jesus stellt seinen Zuhörern zwei unterschiedliche Menschen vor. Der erste Beter stellt sich in den Tempel in gut sichtbare Position und sagt, wie gut er ist und was er für Gott tut. Der andere Beter steht hinten im Tempel und sagt einen kurzen Satz. Dieser Satz ist der verzweifelte Hilferuf eines Menschen, der Gottes Hilfe und Gnade braucht. Die Gegensätze des Gebetes werden noch durch die unterschiedlichen Menschen verstärkt. Der Pharisäer war ein angesehener Mensch und der Zöllner ein verachteter Mann. Gerade der Verachtete wird als Vorbild hingestellt.

Ablauf

Nach der Begrüßung erfolgt ein Rückblick auf die Wochenendfreizeit. Einige Teilnehmer werden nach vorn geholt und sie werden zur Freizeit interviewt. Einige Fragen, die sie gestellt bekommen:

- Was hat dir am besten gefallen?
- Wer war der Wichtigste bei dieser Freizeit?
- Wer hat den besten Witz erzählt?
- Wer hat am meisten anderen geholfen und wie?

Mit diesen Fragen wird schon eine Überleitung zur Geschichte geschaffen, denn da geht es auch um einen Mann, der gern im Mittelpunkt stand, und um einen, der sich selbst an den Rand gestellt hat.

Anspiel

Zwei Kinder führen ein kleines Theaterstück zum Thema „Der Angeber" auf. Einer kommt mit einem Fußball auf die Bühne und sagt, dass er ganz gut Fußball spielen kann. Der andere sagt, dass er ihm das nicht glaubt und er es zeigen soll. Der Erste legt den Ball hin, nimmt Anlauf und tritt neben den Ball. Das Gleiche wiederholt sich. Beim dritten Mal tritt er auf den Ball und beim vierten Mal schießt er den Ball ins Publikum. Der andere steht daneben, schüttelt den Kopf und sagt nur: „Du Angeber!"

Darbietung der Geschichte

Auf der Bühne steht eine Treppenleiter. Ein Mann kommt herein. Er sagt: „Ich gehe jetzt in den Tempel. Ich muss beten. Ich muss mit Gott reden. Ich muss ihm sagen, dass ich ein guter Mitarbeiter von ihm bin. Ich bin für ihn da. Auf mich kann er sich verlassen." Er geht zur Leiter und steigt nach oben. Bei jeder Sprosse sagt er etwas, das er für Gott tut: „Ich faste regelmäßig. Ich gebe den zehnten Teil meines Geldes für Gott ab. Ich bete regelmäßig und gehe zum Gottesdienst." Als er oben steht, sagt er: „Gut, dass ich so bin, wie ich bin. Ich bin nahe bei Gott. Ich bin nicht so wie der da."

In der Zwischenzeit ist ein anderer Mann gekommen, der sich unten an der Leiter hinkniet. Er sagt: „Gott sei mir Sünder gnädig."

Der Mann auf der Leiter betont noch einmal: „Ich bin nicht wie der da."

Aus dem Hintergrund kommt eine Stimme: „Oder doch?"

Er springt von der Leiter, bleibt einen Moment unten sitzen und dann gehen beide weg.

Andacht

Ein Mann ist überheblich. Er ist ein frommer Mann. Er tut viel für Gott. Warum macht er das? Er will gut vor Gott dastehen. Er will sich selbst einen Weg nach oben zu Gott bahnen. Der andere ist demütig.

Demut – was ist das eigentlich? Es ist der Mut, den Weg unten entlang zu gehen. Es geht darum, sich nicht selbst in den Mittelpunkt zu stellen. Da gehört Mut dazu.

Oben zu stehen ist angenehmer als unten zu sitzen.

Aktion

Zwei Personen werden nach vorn geholt. Einer stellt sich auf die Leiter und der andere setzt sich unten hin. Nun sollen sie jeweils dem anderen sagen, was sie Gutes an ihm finden.

Auswertung: Wie ging es euch bei diesem Experiment? Der oben steht, sagt immer etwas von oben herab - egal was er sagt. Und der, der unten sitzt, fühlt sich immer erniedrigt.

Zusammenfassung

Bei Gott können wir ehrlich sein. Wir brauchen den anderen und uns selbst nicht verachten, weil Gott auf uns alle Acht hat. Wir brauchen uns auch nicht auf den Weg nach oben zu ihm zu machen, weil er schon zu uns heruntergekommen ist. Gott selbst ist Mensch geworden und dieser Mensch, der zugleich Sohn Gottes ist, der erzählte diese Geschichte.

Zum Abschluss wird der Bibeltext Lukas 18,9-14 gelesen.

Schluss

Zum Schluss erhält jeder Gottesdienstteilnehmer einen Schokoladentaler, der in Goldpapier eingewickelt ist. Jeder darf sich solch einen Taler nehmen. Dann schenkt jeder seinen eigenen Taler seinem rechten Nachbarn und sagt dazu: „Weil du wertvoll bist."

Mehr Medien für Freizeiten

Mehr Medien für Mitarbeiter

Die Bibel spielen und erleben - AT / NT
176 / 154 Spiele zu biblischen Geschichten

Zu jedem Bibeltext gibt es 2 verschiedene Stunden-
entwürfe. Sie bestehen aus einem thematischen Einstieg, hilfreichen Fragen an die Kinder, einem Spiel
und einem Abschluss.

13,5 x 20,5 cm; 268 / 240 S.; Paperback
Band 1: ISBN 978-3-87092-331-0 | Band 2: ISBN 978-3-87092-332-7
je Band Euro (D) 12,90/sfr 23,40/Euro (A) 13,30
Auch im günstigen Paket erhältlich!

Elke Meyer
Ich bin dabei!
10 Kinderbibeltage zu Geschichten aus der Bibel

Kinder von 8 bis 12 Jahren erleben je einen Tag zu Geschichten aus der Bibel. Ein Anspiel bildet den Rahmen; in Aktionen und Spielen können die Kinder selbst
mehr vom Inhalt und den Themen erfahren. Mit einer
allgemeinen Einführung und Praxistipps.

13,5 x 20,5 cm; 200 S.; Paperback | ISBN 978-3-87092-370-9
Euro (D) 12,90/sfr 23,40/Euro (A) 13,30

JUMAT
13 Lektionen für die Arbeit mit 8- bis 12-Jährigen

Die Mitarbeiterzeitschrift mit viel Material und Ideen
enthält übersichtlich und verständlich erarbeitete Entwürfe für die Gestaltung von Gruppenstunden: Text-
erklärung, Merkvers, Situation der Jungscharler, Im-
pulse für Einstieg, Kleingruppenarbeit und kreative
Elemente sowie passende Kopiervorlagen.

DIN A4; geheftet | erscheint 4-mal im Jahr
Abo: Euro (D) 24,90 zzgl. Euro (D) 3,50 Versand
kostenfreies Probeheft anfordern!

BORN-VERLAG
Informationen und Leseproben unter www.bornverlag.de